BORIS PODRECCA

OFFENE RÄUME / PUBLIC SPACES BORIS PODRECCA

Mit einem Essay von
With an essay by
Werner Oechslin

Herausgegeben von
Edited by
Matthias Boeckl

Springer Wien New York

Prof. Dr. Matthias Boeckl, Wien, Österreich

Gedruckt mit Unterstützung der / *Printed with friendly support of*
Wiener Städtischen Allgemeinen Versicherung AG

Gefördert durch die Kulturabteilung der Stadt Wien, Wissenschafts- und Forschungsförderung
Sponsored by Kulturabteilung der Stadt Wien, Wissenschafts- und Forschungsförderung

© 2004 Springer-Verlag/Wien
Printed in Austria

Graphische Gestaltung/*Graphic Design:* Maria-Anna Friedl
Bildarchiv/*Phot archive:* Michael Grossmann (Atelier Podrecca)
Bildnachweis/*Photocredits:* Lichtlabor Bartenbach, Oskar Dariz, Paola De Pietri, Damir
Fabijanič, Damjan Gale, Jaka Jerača, Klaus Gerlach Jørgensen, Miran Kambič, Alberto
Lagomaggiore, Frank Lynen, Media Wien Lichtbildarchiv, Monika Nikolic, Boris Podrecca,
Christian Radics, Herbert Schwingenschlögl, Manfred Seidl , Margherita Spiluttini,
Stadtarchiv St. Pölten, Dietmar Tollerian, Gerald Zugmann
Renderings: Wolfgang Beyer
Übersetzung/*Translation:* Pedro M. Lopez
Druck/*Printing:* Holzhausen Druck & Medien GmbH, A-1140 Wien

Gedruckt auf säurefreiem, chlorfrei gebleichtem Papier – TCF
Printed on acid-free and chlorine-free bleached paper

SPIN: 11316909
Mit zahlreichen farbigen Abbildungen
With numerous coloured figures

Bibliografische Information Der Deutschen Bibliothek
Die Deutsche Bibliothek verzeichnet diese Publikation in der Deutschen Nationalbibliografie;
detaillierte bibliografische Daten sind im Internet über <http://dnb.ddb.de> abrufbar.

ISBN 3-211-00513-7 Springer-Verlag Wien New York

INHALT
CONTENTS

VORWORT

Boris Podrecca steht wie kein anderer europäischer Architekt für ein transkulturelles, kreatives Denken. Dieser polyglotte Ansatz repräsentiert den zukünftigen kulturellen Weg des neuen Europa, in dem nun endlich die schöpferischen Traditionen der Moderne vor dem Hintergrund jahrzehntelang getrennter Kulturräume wieder zusammen geführt werden können. Boris Podrecca arbeitet in seiner Wiener Architekturwerkstatt, in seinem Atelier in Venedig und mit seiner Stuttgarter Universitätsprofessur konsequent an diesem Projekt. Er ist mit den Kulturen Veneziens, Sloweniens und Dalmatiens ebenso vertraut wie mit der Wiener Moderne von Otto Wagner, Adolf Loos und Friedrich Kiesler, die er seit seinem Studium an der Wiener Kunstakademie kennt und liebt. Seine architekturhistorischen Forschungen und Ausstellungen etwa über die großen Wagner-Schüler Max Fabiani und Josef Plečnik, die in Wien studiert und später in Slowenien gearbeitet haben, weisen auf Podreccas feingesponnene Arbeitstechnik einer Poetik der Unterschiede hin, wie er selbst es einmal nannte. Kulturelle Unterschiede und das Ringen um das jeweils Angemessene an Formen, Texturen und Konstruktionen im gegebenen Kontext bilden auch den Brennpunkt seiner baukünstlerischen Arbeit. Neben einigen großen Kultur-, Büro- und Wohnbauten in Österreich, Deutschland, Italien, Slowenien, Kroatien und anderen mitteleuropäischen Ländern spielt diese Entwurfshaltung in der öffentlichsten aller Bauaufgaben, der Platzgestaltung, eine zentrale Rolle.

Das vorliegende Buch versammelt sämtliche Projekte Podreccas, die bisher zu diesem Thema geplant und realisiert wurden. Sie handeln im historischen Kontext einiger der kultiviertesten europäischen Städte wie Venedig und Verona, Salzburg und Wien. Podrecca glaubt an die Lebendigkeit lokaler Architekturtraditionen, die in Formen und Materialien weiterentwickelt und an heutigen Bedürfnissen orientiert werden können. Und an die identitätsstiftende Funktion der Gestaltung öffentlichen Raums. In Zeiten des zunehmenden Rückzugs des Öffentlichen gewinnt diese Dimension von Architektur eine besondere Bedeutung.

Die Wiener Städtische unterstützt diese Publikation, denn Architektur ist eine Kunstform, die jeden betrifft, sie ist gelebte Alltagskultur. Architektur ist die gestaltete Hülle, atmender Schutz und zweite Haut des Menschen, sie ist begreifbares Ergebnis und Ausdruck unserer Werthaltung und manchmal ein langfristiges Denkmal des jeweilig vorherrschenden Zeitgeistes.

Die Wiener Städtische hat eine langjährige und enge Beziehung zu Boris Podrecca. Er gestaltete im Zuge der Generalsanierung des Ringturms, der Unternehmenszentrale der Wiener Städtischen am Schottenring in Wien, Portal, Foyer und den einzigartigen Veranstaltungsraum im 20. Stock völlig neu. Nach allen Seiten offen bietet sich dort ein wunderbarer Blick über die Dächer Wiens. Der Ringturm am Wiener Schottenring symbolisiert das innige Verhältnis des Unternehmens zu gelebter Architektur. Ende der 1990er-Jahre wurde die Generalsanierung des gesamten Hauses mit dem Umbau der früheren Kassenhalle im Erdgeschoss in das neue Ausstellungszentrum vollendet, wofür Boris Podrecca gewonnen werden konnte. Im Juni 1998 wurde die Ausstellungshalle mit der Schau „Der Ringturm – 50 Jahre Baugeschichte eines Hochhauses" eröffnet. Seit damals beschäftigen sich die hier gezeigten Ausstellungen ausschließlich mit Architektur. In der Folge gestaltete Boris Podrecca die Zentrale der Donau-Versicherung am Wiener Schottenring – das zweite Flaggschiff der Wiener Städtischen.

Boris Podreccas offene Räume sind ein wichtiger Beitrag zum Streben nach einem vereinten Europa des Geistes.

Günter Geyer

Generaldirektor, Wiener Städtische Allgemeine Versicherung AG

Matthias Boeckl

Herausgeber

Wassersäule vor der Donau-Versicherung, Schottenring, Wien / *Water column in front of the Donau Versicherung office building, Vienna*

PREFACE

Boris Podrecca stands for cross-cultural, creative thought like no other European architect. This polyglot approach represents the cultural path of the future for the new Europe, in which modern creative traditions are once again merging with cultures that were separated for decades. Boris Podrecca works towards this goal tirelessly in his Viennese architecture office, in his studio in Venice and as a university professor in Stuttgart. He is just as familiar with the cultures of Venice, Slovenia and Dalmatia as he is with the Viennese Modernism of Otto Wagner, Adolf Loos and Friedrich Kiesler, which he has known and loved since he studied at the Vienna Art Academy. His research and large exhibitions on great Wagner students such as Max Fabiani and Josef Plecnik, who studied in Vienna and went on to work in Slovenia are an indication of Podrecca's finely spun technique and of a poetry of differentiation, as he phrased it himself once. Cultural differences and the struggle to find the appropriate forms, textures and constructions within a given context are focal points in his architecture. This attitude towards design is evident in some large cultural and office space projects in Austria, Germany, Italy, Slovenia, Croatia and other Central European countries. But it is of central importance when designing the most public of spaces, a square.

This volume is a collection of all of the projects by Podrecca on the subject that were planned and realized. The book discusses projects in some of Europe's most cultivated cities, such as Venice and Verona or Salzburg and Vienna. Podrecca believes in the liveliness of local architectural traditions and the continuing development of their forms and materials and adjustment to present day needs. He also believes in the identity a design can create for a public space. This dimension of architecture is particularly important in a time when public projects are receding.

The Wiener Städtische Insurance Company supports this publication since architecture is an art form that concerns everyone, it is living everyday culture. Architecture is man's designed shell, breathing shield and second skin, it is the understandable result and expression of our sense of esteem and also a long-term memorial to the spirit of the respective time in some cases.

The Wiener Städtische Insurance Company has a long and close relation with Boris Podrecca. He re-designed the company's headquarters during the course of the general renovation of the Ringturm in Vienna. He created a completely new portal, foyer and a unique event facility on the 20th floor. The room has windows on all sides, offering a wonderful view over the rooftops of Vienna. The Ringturm on Schottenring symbolizes the company's close relationship with living architecture. The renovation of the entire building was completed at the end of the 1990's, when the former teller hall on the ground level was refurbished and fitted as a new exhibition hall. Boris Podrecca also completed this segment of the project. The Exhibition hall was opened in 1998, with the exhibition, "Der Ringturm – 50 Jahre Baugeschichte eines Hochhauses" (The

Ringturm – 50 years of High Rise Construction History). All of the exhibitions since then have also been on the subject of architecture. Boris Podrecca went on to design the headquarters of the Donau-Versicherung Insurance Company on Schottenring – the second Wiener Städtische flagship.

Boris Podrecca's open spaces are an important contribution to the efforts to create an intellectually united Europe.

Günter Geyer

General Director of the Wiener Städtische Allgemeine Versicherung AG

Matthias Boeckl

Editor

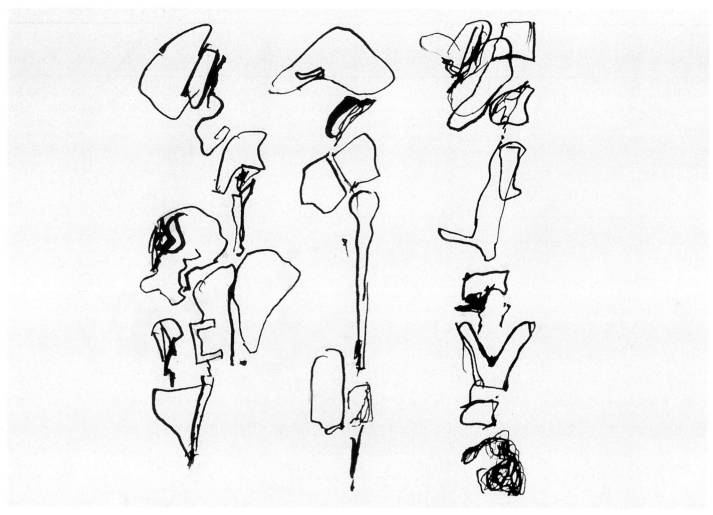

Boris Podrecca, „Put 21", Skizze / *Sketch*, 1997

BORIS PODRECCA – IN DER MITTE

Werner Oechslin

Es ist gut, dass sich die Mitte nicht so ohne weiteres bestimmen und verorten lässt. Als Mitteleuropa – schon vor 1989 – plötzlich zum Thema wurde, ging es natürlich nicht um eine geographische Mitte. Es war dies eher nebenher „auch noch" der Anlass und vielleicht der Ausgangspunkt, um solche alten und neuen, meist weggelegten Probleme wieder hervorzukehren. Zwischen West und Ost gab es lange Zeit keinen Platz für eine Mitte. Man sprach vielleicht von Mitteldeutschland, mit dem man im „westlichen" Europa etwas verband, und jeder zweite Schweizer würde wohl behaupten, er befände sich im Herzen, also in der Mitte Europas, weil er ja so schön zwischen den anderen Ländern im Norden und Süden, Westen und Osten eingebettet sei. Nabelschau als Mitte! Inzwischen ist Jugoslawien, das doch eher als ein gekünsteltes Dach für wenige Jahrzehnte Bestand hatte, befördert durch die alt-neuen Territorialinteressen wieder in seine eher östlichen, südlichen oder nordwestlichen Teile zerlegt worden. Tschechien und die Slowakei sind gleichermaßen wieder geteilt. Und gleichwohl hat sich die ganze „Ordnung" nicht wesentlich geändert: sicherlich nicht mit Blick auf das, was sich alternativ mit Westen und Osten verband. Dort drüben lag und liegt der Osten und hier, „bei uns" ist das (mittige) Europa, das sich als Westen ja längst über den Atlantik hinaus nach Nordamerika ausgedehnt hat. An der Trennlinie wird weiter gewerkelt. Im Eifer der Völker, möglichst schnell zu „Europa" (so die Diktion!) zu „gehören" (was so besehen bisher offensichtlich noch nicht zutraf), um dann am Tisch der Reichen zu den Töpfen zu gelangen, werden die obsoleten kulturgeographischen Verortungen hintangesetzt. Mitten in Polen, dort, wo nach 1945 im Zuge der von der Sowjetunion neu Richtung Westen gestaffelten Grenzziehungen Polen in der neuesten Umreißung seiner Staatsgrenzen endete, dort entsteht jetzt die kontrollierte Grenzziehung zwischen West und Ost: ohne Mitte! Und Polen brüstet sich, dies würde die sicherste Grenze werden.

I. Mitte ergibt sich eigentlich nur in der Besinnung auf kulturelle Traditionen und Verbindungen und es passt in keiner Weise zu Grenzziehung und Begrenzung! Die moderne Architektur, gerade dort, wo sie sich ganz besonders „international" und übergreifend gab, hat eine solche inhaltliche Vertiefung tunlichst vermieden. Übereinstimmung in einigen wenigen formalen Punkten sollte ausreichen. Sigfried Giedion hatte in seinem Büro im Zürcher Doldertal die Korrespondenz und die Dossiers mit den entsprechenden Zustimmungen fein säuberlich nach Nationen geordnet. Der möglichst vollständige Nationenkatalog sollte die Internationalität – auf quantitativem Wege – beweisen, eine irgendwie geartete Mitte war hier kaum gefragt. Gelegentlich wurde dieser Konsens verlassen. Unverhohlen schrieb man 1932 zur New-Yorker Ausstellung „International Style", es sei die moderne Architektur doch eigentlich einem amerikanischen Anstoß zu verdanken. Schweigen! Gleichsam einem Naturgesetz folgend, driftet die Welt ohnehin weiter nach Westen über Greenwich hinaus. Das passt durchaus zu üblichen Vorstellungen und Theorien – zu jener „Kulturmorphologie", die auch Leo Frobenius aufnahm, und die die „Verschiebung der Geistesperioden der Hochkulturen" in diesem Sinne von Osten nach Westen gleiten ließ. Im Osten nichts Neues: darauf beziehen sich die Bilder von Mütterchen Russland mit seiner „jahrtausendalten Erbschaft", die der Architekt Erich Mendelsohn in seine Kulturvisionen einfließen ließ. Die Ordnung scheint festgelegt. Dort, wo in unseren Kulturvorstellungen am vermeintlichen Standort des biblischen Paradieses zwischen Euphrat und Tigris alles seinen Ursprung nahm, suchte jüngst ein Texaner Zivilisation wieder einzuführen!

Keine Mitte! Erich Mendelsohn nennt 1928 „Russland-Europa-Amerika" eine Gegenüberstellung, nennt es „ein höchst gegenwärtiges, zeitwichtiges und entscheidendes Problem". Gegenübergestellt werden Russland und Amerika; Europa ist dazwischen, als ob es sich für das eine oder das andere zu entscheiden hätte: „Es [dieses Buch] sieht Europa zwischen den beiden Willensmächten Russland und Amerika (...) Russland vor dem Kriege grenzt an unser Staatsgebiet, umschließt es zu einem Drittel. Amerika ist durch einen Ozean getrennt. Trotzdem ist Amerika nach Land, Volk und Geschichte uns vertraut. Russland ehedem und jetzt ein Rätsel. Denn Amerikas Daseisformen sind aufgepfropft auf dem Kulturstamm Europa – Russland holt seine Kernnahrung vom Orient und dem fernen Osten, wird zumindest gemeinsam ernährt von Asien, Mittelmeer und Abendland." Beiläufig, im historischen Rückgriff werden Termini wie Mittelmeer und Abendland eingefügt. Und, wiederum abgrenzend, als „manisch" und von gestern werden jene ans Mittelmeerbecken geknüpften, „europazentrischen" Vorstellungen taxiert.

Die in den C.I.A.M. organisierte internationale moderne Architektur geriet eher zufällig aufs Mittelmeer. Nachdem 1933 die Ausdehnung der „internationalen Architektur" über Moskau auf die Sowjetunion missglückte und das Projekt eines dort geplanten weiteren Kongresses der C.I.A.M. gescheitert war, fuhr man auf der PATRIS 1933 durch jene Mitte, die als „mare nostrum" und als Mittelmeerraum in dieser kulturellen Bedeutung längst in die Geschichte entlassen worden war. „Impossible au PATRIS II de faire escale en Italie", meldete aus Kostengründen das Verkehrsbüro „Neptos". Und Giedion hatte zuvor befunden: „Wir müssen einen neutralen Ort wählen." So ging es also auf direktem Weg nach Athen. Man hielt bei angenehmen äußeren Bedingungen auf dem Schiff seine Lektionen und merkte so wohl kaum, wie „östlich" (!) Griechenland lag. In Mykonos fand man weiß getünchte kleine Behausungen, die den modernen Häusern ähnelten, die man zuvor am Weißenhof gebaut und bestaunt hatte. Eupalinos begegnete man nicht. Von den Besuchen auf der Akropolis, die im Vorfeld vom Veranstalter als „merveilleuse au clair de la lune" angepriesen wurde, liest man in Protokollen und Erinnerungen kaum. Und wieder zuhause schrieb Giedion an Philip Johnson, man wolle „nun in Amerika endlich einmal vorstoßen".

Was es in grundsätzlicher Hinsicht zu Phidias und zur Akropolis zu sagen gab, hatte Le Corbusier auf seinem „voyage d'orient" notiert, wie diese Reise von Deutschland über den Balkan nach Griechenland und zurück über Italien bis heute in der einschlägigen Forschung – „politically incorrect" – benannt wird. Man bemühte sich nach 1933, einige weißbauende griechische Architekten für die Sache der C.I.A.M. zu gewinnen.

II. An dieser Sichtweise hat sich bis heute nicht viel geändert. Die „Moderne" ist träge geworden; sie fand schon immer kaum Zeit zum Nachdenken. Man richtete sich auf den „eiligen Leser" aus. Und was sich nicht den Prinzipien des „International Style" zu- oder unterordnen ließ, galt wohl als inexistent. Nach 1980, als ausgerechnet an der Adria, in Venedig, die architektonische Postmoderne ausgerufen wurde, wagten sich gelegentlich einige Westler über die Grenze nach Jugoslawien und „entdeckten erstmals" (!) Namen wie Plečnik. Er gilt weiterhin in erster Linie als „Ausnahme", um nicht zu sagen als Sonderling. Dass man Plečniks Bauten auch im „Westen", in Wien, begegnen konnte, entging wie so Vieles, was sich dort im Schatten der großen Namen versteckt, meist der Aufmerksamkeit. Stattdessen schauten Architekturstudenten gebannt auf die Lochfassade im oberen Teil des Looshauses, um den berühmten Skandal – Generationen danach – teilnehmend zu begreifen, und übersahen die Marmorsäulen des Eingangs, um die sich Adolf Loos in Griechenland persönlich bemüht hatte. Immerhin, das war schon – in einer Architekturwelt von lauter Eisen und Glas – ein großer Schritt. Es ist ja andererseits auch nicht überraschend, dass der schon von der Teilnahme an der Weißenhof-Siedlung ausgeschlossene Loos – einmal von wienerischen Kennerkreisen abgesehen, wo man ihn nie vergaß – ausgerechnet in der modernen Diaspora Italiens von Aldo Rossi „neuentdeckt" wurde.

So gerät alles durcheinander, wenn man es denn wagt, den angepassten, guten Mittelweg, den „mainstream" der internationalen Moderne zu verlassen!

Wie sieht die Welt für jemanden aus, der just an dieser „Grenze" – also scheinbar nicht in einer Mitte – aufgewachsen ist, der auch heute nicht zwischen New York und Berlin, sondern zwischen Wien, Belgrad und Athen pendelt? Wie schaut man auf sein Werk, das sich gleichwohl – auf Umwegen – der Tradition des Bauhauses, modernen Prinzipien geometrisch rationaler Gestaltungsweisen verpflichtet fühlt? Boris Podrecca ist in Triest aufgewachsen, wo sich am Rande („finis Austriae"!) die Habsburger Monarchie den Zugang zum Mittelmeer gesichert hatte, wo sich lateinische Kultur mehr als anderswo mit der wienerischen zu verbinden schien. Da drängt sich der Blick auf die alte und neue Charakteristik nach Kulturnationen auf: aber eben nicht gemäss jener überall festgestellten Übereinstimmung der wesentlichen Erscheinungsformen. Der Vielvölkerstaat hatte sich das anders zurechtgelegt. Joseph Freyherr von

Hormayr notierte 1823 im ersten Band seines „Wien, seine Geschicke und seine Denk-würdigkeiten“: „Die Verwirrung kann nicht gering, daher auch die Gefahr unrichti-ger Folgerungen nicht unbedeutend seyn, wo die meisten Völker- und Ländernahmen, Appellative, von Eigenschaften, von Begegnissen, von äussern Zufälligkeiten herge-nommen sind, mit diesen wohl auch in andern Wohnsitzen, nach anderen Führern wechseln. Also heisst Hyperboräer, Über-Nordwinder Celte, Fremdling, Flüchtling, Gale Gallier, Galater, gleichfalls fremder, Ausgewanderter, eben darum, nach der Lage, manchmal auch Abendländer, – Taurisker, Bergbewohner, Germane, Wehrmann, Krieger, Cimber, Räuber, Sueve, Wandale, Schweifer, Wandler, das ist: Nomade; ja Barbar selber, Fremder oder Sohn der Wüste. – Wie dürfte man unsere Begriffe und Verständnisse, wie unsern Maassstab an die allergrauen Zeiten anlegen, wo ein Stamm zeitweise einem ganzen Völkerbund seinen Namen leiht und dann wieder einzeln unter demselben auftritt …“.

Das entzieht sich einfacher Etikettierung. Der Passus ist ja auch vor oder wenigstens noch zu Beginn jenes Prozesses niedergeschrieben worden, bei dem ganz Europa ent-flochten und neu in nationale Kulturen eingeteilt wurde. Benachteiligt war, was sich dieser monochromen Spektralsicht entzog. Und das ist viel! Denn Kultur verbindet sich nach wie vor zu großen Teilen mit der Durchmischung der Dinge, mit deren Vielfalt. In Hormayrs Zugang zur historisch reich befrachteten Kultur sind es gera-de mal Asymptoten, Grenzwerte, die das bisschen Halt geben. Und das muss genü-gen. Denn in der Vermengung, nicht in der Abgrenzung, wo sich also beispielsweise Nord und Süd begegnen oder gar durchdringen, ergibt sich allenfalls eine 'Mitte'. In der Mitte ist der Handlungsraum, mehr oder minder zufällig. Ob nun Boris Podrecca eher in Istrien oder doch in Wien zuhause ist, ist wandelnder Einschätzung und Betrachtungsweise anheim gestellt. Rein zufällig und persönlich ist für ihn Triest ein „Surrogat Europas“, weil er auch von hier aus das Ganze ins Visier nehmen konnte. Deshalb kann er sich auch glaubhaft dem klassischen Emigranten, der keine eindeu-tige Heimat besitzt, verwandt fühlen. Und deshalb weist für ihn umgekehrt Architektur eine je unterschiedliche „ethnographische“ Dimension aus. Das wiederum ist für ihn gleichbedeutend mit Geschichtlichkeit. Dass sein Weg zurück ans Bauhaus über August Cernigoj, den Schüler Kandinskys, führt, zeichnet eine solche „eigenartige“, historische Spur. Daran ist nichts Programmatisches; es kennt „nur“ menschliche, er-innernde Beweggründe. Triest als Mitte – zufällig, nicht „zwischen“, aber in der Über-lappung von Ost und West – hat wohl deutlich Podreccas architektonische Sensibilität bestimmt.

III. Boris Podrecca ist wohl wie kein zweiter, prominenter Architekt seiner Generation mit Athen vertraut. Wenn er sich zum Erechtheion als einem Schlüsselbau bekennt, an dem er alles abliest, was für ihn Architektur bedeutet, so ist dies glaubhaft. Das beginnt beim Stein. Vom Stein, von der Physis der Architektur, ihrer Körperlichkeit und Sinnlichkeit geht Podrecca aus. Er kennt diesbezüglich eigentlich nur ein Hindernis, das ihn ein wenig von der Akropolis und ihren Bauten fernhält und sich dann als die ständige Herausforderung entpuppt. Jene Schwierigkeit hat schon – gemäss Andrea Memmo (1776) – in seinem venezianischen Versteck Carlo Lodoli beschrieben: „Rispetto poi alla solidità delle fabbriche, che da molte avvertenze dipende, non so se in tutti i capi potessimo far uso degli esempi dell'aurea epoca senza cadere in altra sorte d'inconvenienti. Un così fermo appoggio qual'è quello d'una rupe non si trova da per tutto, come trovavasi nella cittadelle d'Atene, ed a Caposunio. Una muraglia composta di grossissimi pezzi, e tutti egualmente ben concatenati insieme di marmo pentalico, e senz'alcun interrompimento di fuori assai facile ancora a formarsi non potrebbe certamente ch'esser molto solida. Ma subito che debbasi gettar il doppio di spesa nel formarvi proporzionate fondamenta, ed abbiansi ad ornare le molte aperture, delle quali non si può attualmente far a meno, e trasportando pietre, o marmi da Pentalico, vi vorrebbero que'tanti denari, che mancano per ordinario alla maggior parte di coloro, che intraprendono di far fabbricare." („Was die Solidität der Bauten betrifft, die von vielerlei Anhaltspunkten abhängt, so weiß ich nicht, ob wir uns in jeder Hinsicht auf Beispiele aus dem Goldenen Zeitalter stützen können, ohne irgendwo Nachteile zu erfahren. Nicht überall findet sich ein so felsenfester Halt, im wahrsten Sinne des Wortes, wie bei den Zitadellen Athens oder auf Kap Sounion. Eine Mauer aus mächtigen, gut miteinander verbundenen Blöcken pentelischen Marmors, die keine Unterbrechungen von außen erfährt und überdies einfach zu errichten ist, kann natürlich nur solide sein. Aber sobald das Legen angemessener Fundamente doppelt so hohe Ausgaben mit sich bringt und all die vielen Öffnungen zu schmücken sind, die derzeit unverzichtbar scheinen, sobald Steine oder Marmor vom Pentelikon heranzukarren sind, bräuchte man genau jenes viele Geld, das den meisten Bauherren für gewöhnlich fehlt.")

Da ist also nicht nur das Erechtheion, das schon Friedrich Thiersch, der notabene in Begleitung des jungen Gottfried Semper den Bau 1832 untersuchte, Kopfzerbrechen bereitete, weil „seine ausser aller Symmetrie gehaltene Form und Gliederung" nun einmal „fortdauernd das grosse Räthsel der griechischen Architectur" bliebe. Es geht hier noch viel mehr um die Grundlegung der Architektur in der allein wissenschaftlich zu erhärtenden „solidità" und Materialität, was Theoretikern wie Paolo Frisi geläufig war. So sollte bei der erwünschten Ausrichtung auf „comodità", auf die Bedürfnisse der Bauherrschaft, und bei der Anlehnung an die besten Exempel der vorangegangenen Architektur größte Freiheit und Variation gewährleistet werden. Alles beginnt beim Stein. Der Stein, der sich als – im wörtlichen Sinne – solider Grund der Architektur in Erinnerung bringt! Mehr als je zuvor in der jüngsten Geschichte, ist dies heute wieder ein Thema. Aber trotzdem: die Architekten, die den Stein kennen, seine Temperatur und Klangfarbe zu beschreiben wissen, sind in krasser Minderzahl. Für Podrecca aber gilt gerade letzteres in ausgezeichneter Weise. Ein Brunnen „klingt" je nach dem Stein, aus dem er gehauen ist. Die Oberflächen sind – entsprechend dem Ausbrechen im Steinbruch und dem Werkzeug des Steinmetzen – gesägt, gebrochen, geflammt, poliert. Podrecca bedient sich dieser Vielfalt, die in der formalen Ausprägung des Materials bestimmt wird, bevor er mit der architektonischen Formgebung beginnt. Für ihn, der in jungen Jahren selber mit dem Meißel den Stein bearbeitet hat, besitzen Steine „Lippen" – nicht bloß Profile. Podrecca kennt den Reichtum des Steines – und braucht ihn. Steine sind Körper; und er, der Architekt, hat mit ihnen sinnlichen Umgang. Ihm muss man nicht erst in Erinnerung bringen, dass Sinneseindruck und Körperwirkung zusammenhängen, und dass sich dort, „Gefühle" einstellen. Der unterentwickelte Tast- und zuweilen auch der mangelhaft entwickelte Sehsinn von Architekten! Dieses Risiko ist hier nicht gegeben.

Die Konkretheit der Architektur beginnt dort, wo man mit den Füssen auf dem Boden auftritt. Nicht nur die Decken und Gewölbe, auch die Böden sind in der Architektur sehr häufig vernachlässigt oder gar vergessen worden. Sie führen meist ein Schattendasein. Man ist auf Fassade und auf ein „Bild" fixiert – und schaut kaum dorthin, wo man geht. Urbanität setzt voraus, dass auch der Boden als Teil des Ganzen erkannt wird. Bloßer Zwischenraum von Häusern, deren Abgrenzung ohne Mitte, macht noch keine Stadt. Öffentlichkeit ist erst dort gewährleistet, wo auch dies in irgendeiner Weise gestaltet und sinnlich wahrnehmbar ist, wo das Dazwischen seiner eigenen Logik und Form folgt. Stadteingang, Strasse, Platz, die alten Themen des „embellissement" sind zwar gelegentlich als architektonische Aufgaben wieder entdeckt worden. Aber man tut sich – zwischen „nichts" und dem verbreiteten „horror vacui" – schwer damit: ausgerechnet dort, wo es darum ginge, die Basis einer Stadt, deren Begehbarkeit herzustellen.

Im Laufe des 17. und 18. Jahrhunderts – meist lange vor der dann später ansetzenden Diskussion zur Stadthygiene – war es gerade dies, was Städte zu modernen, urbanen Zentren werden ließ: die Bepflästerung der Strassen und Plätze. „Testamento Politico" überschrieb Lione Pascoli 1733 seine anonym veröffentlichten Ratschläge, wie man auch Rom zur modernen Stadt unter anderem eben durch systematische Bepflästerung der Strassen machen könnte und sollte. Der öffentliche Raum würde zwar wesentlich durch die Monumente bestimmt. Aber Pascoli sieht im Kontrast von kostspieliger Aufstellung von Obelisken („esser troppo caro il capriccio d'alzare un obelisco, o una piramide, e d'ergere un monumento – der Spleen, einen Obelisken oder eine Pyramide aufzustellen und ein Denkmal errichten, kommt zu teuer") und anderweitiger, allzu häufiger Vernachlässigung von Strassen und Plätzen in erster Linie Planlosigkeit und einen Mangel. Der öffentliche Raum ist nicht, was zufällig übrig-

VI.

bleibt. Es ist vielmehr das große Thema, das den gesellschaftlichen Auftrag des Architekten nobilitiert. Strassen und Plätze sind auch nicht, was man auf dem Reißbrett oder dem Bildschirm, möglichst geometrisch rein konzipiert. Es ist auch dieser Teil der Architektur an das Material und darüber hinaus an die konkrete Geschichte geknüpft, die sich in den Biegungen, Unregelmäßigkeiten aller Art wiederspiegelt und – wörtlich – abzeichnet. Wenn man in Verona durch die via Mazzini, den seitlich aufgereihten Bauten entlang geht, merkt man, dass sich unter den Füssen stets etwas verändert: in Größe und Ausdehnung, in Form und Farbe. Ähnlich konzipierte und doch variierte Teile folgen einander, lassen den Straßenraum erfahren und bezeichnen gleichzeitig präzis den jeweiligen Ort. Vielfalt und Gleichförmigkeit halten sich in jenem Gleichgewicht, das den Charakter des Öffentlichen zwischen individueller und allgemeiner Ausprägung bezeichnet. Und zudem: man gewinnt nie den Eindruck, hier als erster durchzugehen. Auf selbstverständlichste Weise, im vertrauten Material gibt sich hier die Stadt urban. Nun weiß man, weshalb Boris Podrecca meint, ein Avantgardist könne keine Stadtgestaltung durchführen. Stadt ist noch weit sensibler gegenüber Zeit und Geschichte als das einzelne Gebäude und als der einzelne Baukörper. Stadt ist ein mit Leben durchsetzter Organismus, dem der Architekt zuzudienen hat, indem er sich ihr einfügt, auf dass das Ganze und das (neu hinzugesetzte) Einzelne in angemessener Bezogenheit erfahrbar sind.

Es ist unschwer einzusehen, dass, wer auf Klänge und Gefühle der Steine eingeht, dafür, für Urbanität, bestens vorbereitet ist. Boris Podrecca ist ein hörender und ein fühlender Architekt. In einer Zeit, in der „Empfindsamkeit" weniger gefragt ist als Härte und Rekordsucht, wirkt das wohltuend. Vielleicht lässt sich aber gerade daran ein Stück Mittelmeer – und überhaupt „Mitte" – erkennen. Jedenfalls ist es dies, was ihn auszeichnet und was seine Architektur an so vielen Stellen urban und vertraut macht, zuhause in Triest, Venedig, Wien oder anderswo.

BORIS PODRECCA – IN THE MIDDLE

Werner Oechslin

It is good that the middle cannot simply be determined and fixed. When Mitteleuropa suddenly became a subject – even before 1989, the issue was not whether it was the geographical middle or center. That was more of a side issue, something that could be discussed "as well," but this might have marked the starting point for the discussion of many old, often unfinished subjects and new issues. There was no space for"middle" between West and East for a long time. There might have been talk of Mitteldeutschland, which was associated with something in "western" Europe, and every second Swiss citizen would say he was in the heart, i.e. the center of Europe, since he is so prettily imbedded between the countries to the North, South, West and East. And by now, old-new territorial interests have reduced Yugoslavia, which was more of an artificial roof entity and only lasted a few decades, to its eastern southern or northwestern sections. The Czech Republic and Slovakia are also separate countries. The entire "Order" hasn't changed considerably either, definitely not in terms of the alternatives between West and East. The East lay and lies over there, and (central) Europe is over here, where "we" are, which is part of the established West that stretches over the Atlantic to North America.

Activity continues along the dividing line. In their eagerness to belong to "Europe" (in those terms!), which seemingly wasn't the case until now, and reach for the wealth of goods on the tables of the rich, countries are giving less importance to obsolete cultural-geographical positions. The official border between West and East is now being drawn in the middle of Poland, where the country's border lay after 1945, when the Soviet Union re-drew the borders to the West. Poland proudly claims this will be the safest possible border: and there is no middle!

I. The middle is something that only comes from considering cultural traditions and associations and has nothing to do with borders and limitations! Modern architecture has carefully avoided in-depth explorations of such thought precisely where it posed as especially "international" and encompassing. Agreements in a few formal matters should suffice. Sigfried Giedion had dossiers with correspondence neatly organized by nation with the respective approvals. The catalogue of nations, which was as comprehensive as possible, was supposed to prove internationalism via quantitative means, but there was no need for a sense of a middle here. However, this consensus was disrupted occasionally. It was openly claimed in an article on the 1932 "International Style" Exhibition in New York that modern architecture had evolved from an American approach. Silence! Following the laws of nature, the world continues to the West, past Greenwich. That is completely in keeping with the attitudes and theories, the "cultural morphology," which Leo Frobenius also mentioned, which led to the "shifting of intellectual periods and high cultures" from East in West in this context. Nothing new to the East: that is what images of Mother Russia convey of its "thousand year heritage," which the architect blended into his cultural visions. The order seems determined. A Texan recently began an effort to repopulate the area between the Euphrates and Tigris, the location of Paradise in the Bible, where everything began, according to our cultural background!

No middle! In 1938, Erich Mendelsohn coined the term "Russia-Europe-America" in a comparison and described it as an, "extremely current, time-intensive and decisive problem." He compares Russia and America with Europe in between, as if it has to choose between one or the other: "It [this book] sees Europe between the two determined powers of Russia and America (...) Russia borders our territory, surrounds a third of it. America is an ocean away, but Russia was and is a mystery. America's existence is based on European cultural traditions – Russia's core is based more in the Orient and the Far East, but it is also the product of Asia, the Mediterranean and the Occident." Terms such as Mediterranean and occident are inserted casually in this historical review. At the same time, "centralist" considerations related to the Mediterranean basin are dismissed as anachronistic and "maniacal."

The C.I.A.M. modern architecture association only came upon the Mediterranean by coincidence. After the failed expansion of "international architecture" to the Soviet Union via Moscow in 1933 and the failure of a project to hold another C.I.A.M. conference, the middle was defined at PATRIS in 1933 on the "mare nostrum" of the Mediterranean, an area whose cultural importance was historical. "Impossible au PATRIS II de faire escale en Italie," reported the "Neptos" Travel Office for cost reasons. And Giedion had even said: "We have to choose a neutral location." So Athens was reached by the most direct route. Lectures were held on board under pleasant outside conditions and it was barely noticed that Greece lies that far "East" (!) They found bleached white housing on Mykonos that resembled those they had built and marveled at Weißenhof before. They did not encounter Eupalinos. There are barely any records of the visits to the Acropolis, which the organizer had praised as "merveilleuse au clair de la lune," in meeting minutes and recollections of those present. When he was home again Giedion wrote to Philip Johnson, saying, "now we want to make an advance in America."

Le Corbusier had said what there was to say fundamentally about Phidias and the Acropolis in his "voyage d'orient" notes. That is the name that was given to his journey from Germany through the Balkans to Greece and back via Italy. It is still considered "politically incorrect" in research work. As a result, efforts were made to enlist a few white-building Greek architects for the C.I.A.M. cause after 1933.

II. This perspective hasn't changed much since then. Modernism has become staid; there was barely ever time to reflect. The "speed reader" is addressed, and whatever it was that could not be categorized according to the principles of "International Style" was considered non-existent. After 1980, when architectural Post-Modernism was announced in Venice, on the Adriatic of all places, a few western architects occasionally ventured over the border to Yugoslavia and "discovered"(!) names such as Josef Plecnik. He is still mainly considered an "exception" if not an oddball. The fact that Plecnik's buildings could also be admired in the "West," in Vienna, escaped notice the way so many other things do hidden behind the great names. Instead, architecture students stare at the perforated façade of the upper section of the Looshaus in fascination to understand and re-live the famous scandal surrounding them generations later. They thereby ignore the marble of the entrance columns Adolf Loos had personally selected in Greece. After all, that was a big step in an architectural world of iron and glass. On the other hand, it isn't surprising that Loos, who had not been allowed to participate in the construction of the Weißenhof housing project, was never forgotten by Viennese experts and was "rediscovered" by Aldo Rossi in the Diaspora of Italian modernism.

So everything becomes disorganized when one dares to venture off the well adjusted, good middle way, the "mainstream" of international Modernism!

How does the world look to someone who grew up right on the border and not in the middle, someone who shuttles between Vienna, Belgrade and Athens as opposed to New York and Berlin? How is their work perceived? It is also based on the Bauhaus tradition and follows the modern principles of geometric, rational design forms. Boris Podrecca grew up in Trieste, on the rim of the Habsburg monarchy ("finis Austriae!") where there was access to the Mediterranean Sea, the place were Latin blended with Viennese culture more than anywhere else. This makes it wise to look at the old and new characteristics of cultural nations, but not according to the established forms commonly agreed on. The Vielvölkerstaat (multiracial state) had a different definition. Joseph Freyherr von Hormayr wrote in the first volume of "Wien, seine Geschicke und seine Denkwürdigkeiten" (Vienna, its Fate and Notable Moments): "It can't fail to be a major surprise and also create a risk of incorrect conclusions since most peoples and country names are based on appellatives, on characteristics and events and outside coincidences that have shifted just as leaders have shifted. Hence terms such as Hyper-borean, and Über-Nordwinder or Celts, foreigner, refugee, Gaelic Gaul, therefore also from the Occident in some cases, – Tauriske, mountain men, Germanic peoples, soldier, warrior, cimbrian, robber, Suevian, vandals, yes, even nomads and barbarians, stranger or son of the desert. – How could our earliest terms, understandings and standards be understood when a tribe gave its name to an entire league of peoples and then acted individually once again …".

This transcends mere labeling. The passage was also written before or at least at the beginning of the process that disentangled Europe and re-distributed it in new national cultures. Everything beyond this monochromatic spectrum was at a disadvantage.

And that was a lot! Culture has and continues to have a lot to do with the blending of things, with variety. Asymptotes and limits give Hormayr's rather cumbersome historical view a degree of structure and that is about it. Mixing, when North and South meet, or even mingle for example, leads to the middle, not separation.

The space for action is more or less coincidental in the middle. Whether Boris Podrecca is at home in Istria or Vienna is more a matter of changing estimation and perspectives. Trieste is a "surrogate of Europe" for him, both personally and by coincidence, since it is the place from which he can target the whole. For this reason, he can feel related to the classic emigrant, who ultimately has no definite home. That is why architecture always has a varying "ethnographic" dimension for him. This is synonymous with dexterity for Podrecca. The fact that his path can be traced back to Bauhaus via August Cernigoj, the student of Kandinsky, creates a "unique" historical trail. It isn't programmatic; it only knows human, evocative motivations. Trieste as the middle – by coincidence, not "between," but where East and West overlap, clearly influenced Podrecca's architectural sensibilities.

IV.   Only few other architects of his generation are as familiar with Athens as Boris Podrecca. If he names the Erechtheion as a key structure that contains everything that architecture means to him, it is credible. It begins with the stone, stones, the physis of architecture, its body and sensuality are Podrecca's point of departure. There is only one obstacle that keeps him at a distance of the Acropolis and its structures, but it also is a constant challenge. Andrea Memmo (1776), Carlo Lodoli had already described this difficulty is his Venetian hideaway: "Rispetto poi alla solidità delle fabbriche, che da molte avvertenze dipende, non so se in tutti i capi potessimo far uso degli esempi dell'aurea epoca senza cadere in altra sorte d'inconvenienti. Un così fermo appoggio qual'è quello d'una rupe non si trova da per tutto, come trovavasi nella cittadelle d'Atene, ed a Caposunio. Una muraglia composta di grossissimi pezzi, e tutti egualmente ben concatenati insieme di marmo pentalico, e senz'alcun interrompimento di fuori assai facile ancora a formarsi non potrebbe certamente ch'esser molto solida. Ma subito che debbasi gettar il doppio di spesa nel formarvi proporzionate fondamenta, ed abbiansi ad ornare le molte aperture, delle quali non si può attualmente far a meno, e trasportando pietre, o marmi da Pentalico, vi vorrebbero que'tanti denari, che mancano per ordinario alla maggior parte di coloro, che intraprendono di far fabbricare." ("Concerning the solidity of buildings, which depends on a number of points, I am not sure whether we can cite examples from the Golden Age in every respect without suffering from disadvantages at some point. The literally rock-like support of the citadels in Athens or on Cap Sounion isn't available everywhere. A wall of mighty, well-linked blocks of Pentelic marble without any interruptions on the outside that is easy to put up will, of course, be solid. But the clients will lack the money necessary to haul stones or marble from the Pentelicon when it becomes necessary to build foundations twice as deep to be able to build walls high enough to contain the many decorated openings considered so indispensable at the moment.")

This isn't merely about the Erechtheion, which already baffled Friedrich Thiersch and his young companion, Gottfried Semper in 1832, because of the, "absolute lack of symmetry in its shape and structure," which he thought made it the largest "un-resolved mystery in Greek architecture." The issue is the establishment of architecture in its scientific "solidità" and materiality, which theorists such as Paolo Frisi is familiar with. The needs of the clients where the basis for the definition of "como-dità" and there was great freedom when it came to citing the best examples of earlier architecture and creating variations. Everything begins with stones. The stones which literally remind us that they provide the basis for solid architecture! This is an issue today more than ever. But still: the number of architects who know stones, who can describe their temperature and tone color is very small. Podrecca is an outstanding example of this last case. A well has a tone dependent on the stone it is hewn from. The surfaces are sawed, broken, flamed or polished according to the break at the quarry and the mason's tools. Podrecca uses this variety, which is defined by the formal shape of the material before he begins giving it its architectural form. For him, He worked with a chisel himself as a young man; stones have "lips' – not mere profiles. Podrecca understands the richness of stone and needs it stones are bodies and the, the architect, interacts sensually with them. He doesn't need to be reminded that sensual impressions and bodily properties are related and that "feelings" develop from them.

The underdeveloped sense of touch and the poorly developed sight of architects! That risk doesn't exist here.

V.

The correctness of architecture begins where you set your feet on the ground. It isn't just the ceilings and roofs that are often neglected in architecture; floors are also generally in the shadows. The façade is at the center of a visitor's attention, an "image" so they barely notice what they are walking on. Urbanity also means recognizing the floor as part of the whole. Simple spaces between buildings without borders or a middle don't make a city. Public space is only given when it is designed and made perceptible to the senses in some way before what is "in between" can follow with its own logic and forms. City entrance, street, square, the old "embellissement" themes have been rediscovered as architectural tasks in some cases. But they are difficult to apply when it comes to creating access to a city between "nothing " and the broad sense of "horror vacui."

During the course of the 17th and 18th century – generally long before the city hygiene discussions that set in later – it was the following that made cities modern, urbane centers: the pavement of their streets and squares. "Testamento Politico" was the title of the public construction advice Lione Pascoli dispensed anonymously in 1733 that would help make Rome a modern city. One of the measures was the systematic pavement of the streets. Public spaces were mainly defined by the monuments, but instead focusing on the expensive construction of obelisks ("esser troppo caro il capriccio d'alzare un obelisco, o una piramide, e d'ergere un monumento – the nerve, to build an obelisk or a pyramid and create a monument is too expensive") Pascoli concentrated on the neglected streets and squares, which suffered from a lack of planning and another shortcoming. Public space isn't what is left over coincidentally. It is the main subject that ennobles the architects' social duties. Streets and squares also aren't places conceived on a drawing board or a screen, as geometric and pure as possible. This also the level at which the material meets concrete history, as it is manifested and literally delineated all forms of bends and irregularities. If you walk along the buildings on the sides of Via Mazzini in Verona you notice that something is constantly changing under your feet: the size and surface, the form and color. Similarly conceived, yet different components follow one another, allowing you to experience the space of the street while defining the location precisely. Variety and uniformity are balanced, giving a public space both an individual and general character. And: you never have the impression you are the first person to walk down the street. The city has an urban appeal, achieved with familiar materials. Now we know why Podrecca says no Avant-Garde architect can complete an urban planning project. A city is far more sensitive to time and history than an individual building. A city is an organism pulsing with life, which the architect should serve by integrating the whole with (new) individual components that can be experienced in the commensurate perspective.

It isn't difficult to see that a person who has regard for the tones and feelings of stones is very well prepared to be urbane. Boris Podrecca is an architect who hears and feels. This is comforting in a time in which there is less demand for "sensitivity" than for toughness and an obsession with records. But it may be the Mediterranean we recognize, or even the "middle." It is what makes him special and what makes his architecture to urbane and familiar, whether at home in Trieste or in Piran or anywhere else.

UNIVERSITÄTSPLATZ

SALZBURG
MIT / WITH G. EIBÖCK
1986

Der Platz entstand vor allem im 17. Jahrhundert. Bauten für die 1622 von Fürsterzbischof Paris Lodron gegründete Universität und die vom bedeutendsten österreichischen Barockarchitekten Johann Bernhard Fischer von Erlach 1694 – 1707 errichtete Kollegienkirche an der Südseite sowie die gegenüberliegenden Bürgerhäuser auf der Nordseite bilden die Fronten. Die Bürgerhäuser mit Spätbarock- und Rokokofassaden verbinden den Platz durch ihre Passagen mit der parallelen Getreidegasse, ein Torbogen führt weiter zum eigentlichen Bischofsbezirk um den Dom. Die repräsentativen Funktionen des Platzes werden von der täglichen Nutzung als Marktplatz überlagert. Unter dem Platz fließt ein Arm des weitverzweigten Almkanalnetzes, das schon seit dem Mittelalter die Stadt mit Wasser versorgt. Die Platzgestaltung nimmt diese Elemente auf und verbindet sie mittels radial ausstrahlender Granitstein-Pflasterscharen, die sternförmig von der konvex vorgewölbten Kirchenfassade Fischer von Erlachs ausgehen. Das unterirdisch durchströmende Wasser des Almkanals wird durch eine Öffnung sichtbar gemacht und mit dem alten Brunnen, einer neuen Sonnenuhr und einem Sitzstein verbunden. Dieses Raumgelenk vermittelt auch zwischen dem engeren und dem breiteren Teil des Platzes. Ein Rahmen aus Natursteinplatten faßt den Platz an seinen Kanten und leitet in die Passagen über.

The larger part of the square was built in the 17th century. The buildings for the university founded by the Prince and Archbishop Paris Lodron in 1622 and the Kollegienkirche church built by Austria's foremost Baroque architect, Johann Bernhard Fischer von Erlach, between 1694 –1707, as well as the community houses across the way on the north side compose the fronts. The community houses with their late Baroque and Rococo facades link the square with Getreidegasse, which runs parallel. An archway leads to the actual bishopric district surrounding the cathedral.

The daily use of the marketplace is superimposed over its representative functions. Under the square flows an arm of the wide-branching Almkanal channel Network, which has supplied the town with water since the Middle Ages. The design of the square absorbs these elements and links them via star-shaped granite stone pavement clusters set in a radial pattern that are placed in front of Fischer von Erlach's convex church facade. The streaming water of the Almkanal under ground is visible through an opening and connected to the old well, a new sundial and a stone ledge. This spatial joining also has an effect on the narrow and the wider parts of the square. A frame of natural stone slabs delineates the edges of the square and composes the transition to the passages.

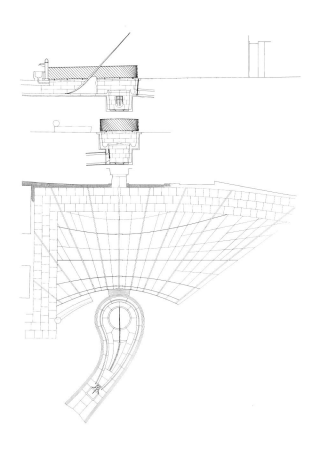

Öffnung mit unterirdischem Fluß / *Opening with underground channel*

Meridiane / *Meridian*

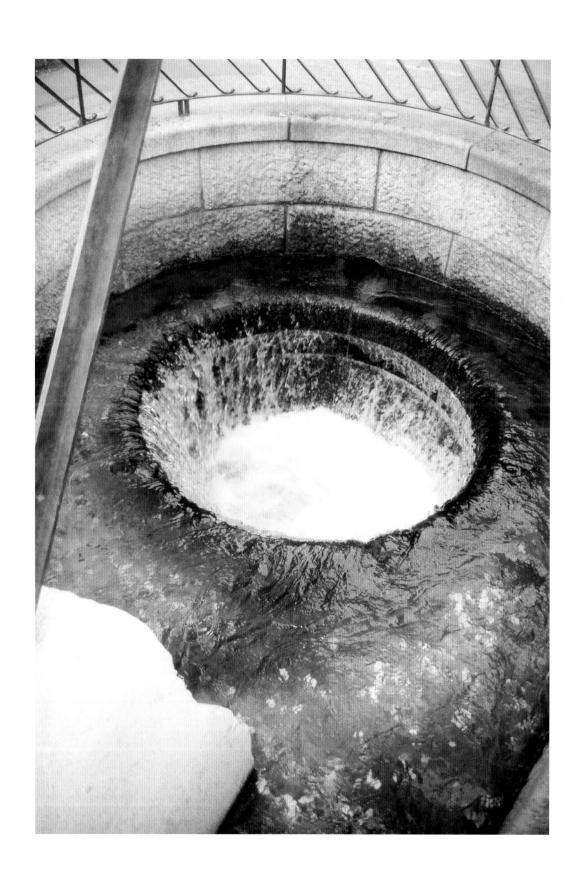

NEUGESTALTUNG DES ARSENALE-KOMPLEXES

REBUILDING OF THE ARSENALE COMPLEX
VENEDIG / VENICE
WETTBEWERB / COMPETITION
1987

Das Arsenal von Venedig diente jahrhundertelang als Herzstück der militärischen Macht der Republik. Als Marinehafen samt Werftanlagen und zugehörigen Lagern und Fabriken bildete der Komplex eine Stadt in der Stadt. Teile der nicht mehr militärisch genutzten Anlage dienen heute der Kunst- und der Architekturbiennale als Ausstellungsflächen. Im Rahmen der Mailänder Triennale wurden von mehreren Architekten Umnutzungsperspektiven dieses Terrains als eines von neun exemplarischen italienischen Stadtproblemen untersucht. Vorgabe der Studie war die Absicht der Stadt Venedig, das Gebiet als neues Museums- und Veranstaltungszentrum zu nutzen. Zwischen zwei Teichen des ehemaligen Marinehafens werden in diesem Projekt drei Fragmente einer desolaten Hangaranlage zu drei Museen umgestaltet sowie dazugehörige schwimmende Holzbauten für temporäre Ausstellungen geplant. Außerdem wird in die Gemäuer der Isola delle Vergini ein Technologie-Bazar, ein Hotel und ein Bürohaus eingefügt. Zwischen dem Kirchenkomplex mit einer neuen Brücke, der Isola delle Vergini und den Hangars von Sansovino entsteht das Leitmotiv eines geräumigen, zentralen Wasserplatzes.

The arsenal in Venice served as the centerpiece of the Republic's military might for centuries . With its mairtime port and dockyard facilities and the corresponding warehouses and factories, the complex constituted a city within the city. Parts of the facility which were no longer used for millitary purposes are sites of the of the art or architecture biennial exhibirtions today. The perspectives on new uses for these sites were explored during the Milan Triennale as one of nine Italian city problem examples. The study adressed the City of Venice's intention of using the area as a new museums and event center. Three fragments of a desolate hangar site between the two ponds of the former naval port will be re-fitted as three museums with their ancillary facilities in the background . Additionally, a small bazaar, a hotel and an office building will be integrated in the walls of the Isola delle Vergini. An interior water basin will be located between the the the church complex with a new bridge, the Isola delle Vergini and the hangars of Sansovino.

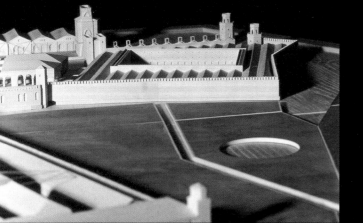

Komplex mit zentralem Wasserplatz / *Complex with central water square*

TARTINI TRG

PIRAN
SLOWENIEN / SLOVENIA
1989–1992

Die Gestaltung des Tartini-Platzes ist eine mehrschichtige kulturgeschichtliche Entdeckungsreise in einer spektakulären topographischen Situation. Der Platz entstand an der Stelle eines alten Hafenbeckens, das im Herz der kleinen Stadt lag und mit dem Meer nur durch einen schmalen Kanal verbunden war. Nach der Verlagerung des Hafens an den Rand des dichten, unter einem Felsen mit der Kirche ausgebreiteten Stadtgeflechts wurde die ehemaligen Hafenfläche als Platz genutzt. Die umgebenden Häuser reflektieren mit barocken, klassizistischen und Jugendstilfassaden das venezianische Erbe der slowenischen Küstengegend. Piran steht darüber hinaus im Schnittpunkt mehrerer bedeutender Architekturtraditionen, die vom großen Sohn der Stadt, dem Architekturvisionär Giovanni Piranesi, bis zu der von Josef Plečnik und Max Fabiani repräsentierten klassischen Moderne Sloweniens reichen. Die Platzgestaltung thematisiert alle Elemente der reichen Vorgeschichte des Orts und schafft einen neuen urbanen Raum. Das alte Hafenbecken wird in seinem polygonalen Verlauf in der Pflasterung geometrisiert. In diese Form wird eine elliptische Fläche eingeschrieben, die ein unmittelbar überzeugendes Kürzel für „Ort" und „Fläche" darstellt. In vier Segmente geteilt, nimmt diese glatte Oberfläche das städtische Leben auf und auf einem ihrer beiden Brennpunkte ist das Denkmal des Dichters aufgestellt. Gegen den umliegenden Bereich bewegten Verkehrs wird die Ellipse von einfach geschnittenen Steinbänken abgegrenzt, die wiederum Säulen mit der Platzbeleuchtung fassen. Diese Elemente spielen auf die klassische Architekturtradition Venedigs, aber auch auf die Gestaltungsstrategien eines Josef Plečnik an. Die vitalen Zentren der Stadt – das Rathaus, eine Kirche, eine Bank und mehrere Cafés – entfalten auf dieser Plattform ein unmittelbares und selbstverständliches Leben. Die Randflächen der Ellipse werden derzeit noch vom ruhenden Verkehr besetzt, die Vervollständigung des Projekts wird diesen Bereich den Fußgängern zurückgeben.

The design of Tartini Square takes the visitor on a historico-cultural journey in a spectacular topographical setting. The square was built on the former site of the old port basin in the heart of the small town that was only connected to the ocean via a small channel. After the port relocated to the edge of the densely developed city with the church on the cliff above it, the former port area was remodeled as a square. The Baroque, Classicist and Jugendstil facades of the surrounding buildings are proof of the Slovenian coastal area's Venetian heritage. Piran is also the point of intersection of many major architectural traditions, including those of the city's great son, the architectural visionary Giovanni Piranesi, Josef Plečnik and Max Fabiani, who are representatives of Slovenian Modernism. The design of the square incorporates all the elements of the location's varied history and creates a new urban space. Cobblestones trace the polygonal pattern of the old port basin, defining an elliptic shape that ideally summarizes the „site" and „surface." This smooth surface is divided into four segments. It absorbs city life with a memorial to a writer at one of its livelier ends, while simply hewn stone benches and stone columns bearing park lights mark the border of the ellipse to the hubbub of the surrounding traffic. These elements are references to the classic Venetian architectural tradition and to the design strategies of Josef Plečnik. The vital centers of the city – the city hall, a church, a bank and a number of coffee houses come to life in an immediate and matter-of-fact fashion here. The edge of the ellipse still is used to park cars, but the final shape of the project will restitute this space to the pedestrians.

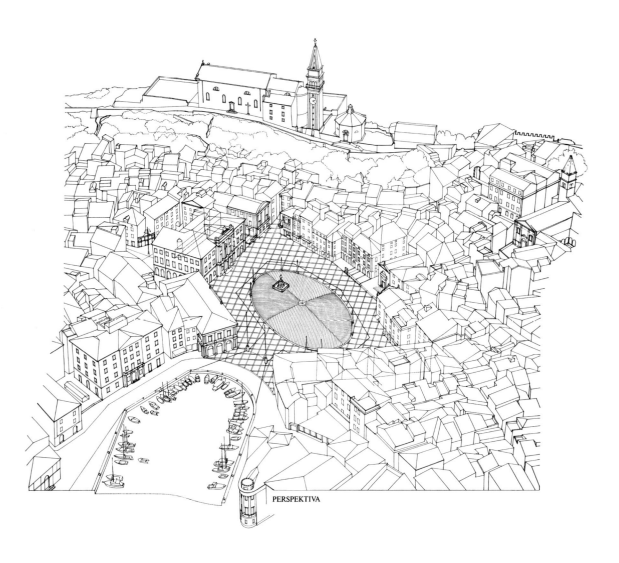

PERSPEKTIVA

Ursprünglicher Zustand / *Original situation*

Analyse zur Positionierung der Ellipse
Analyses for positioning the ellipse

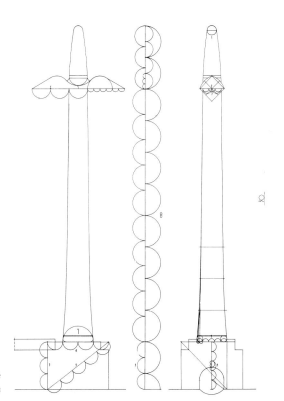

Proportionsstudie
Study of proportions

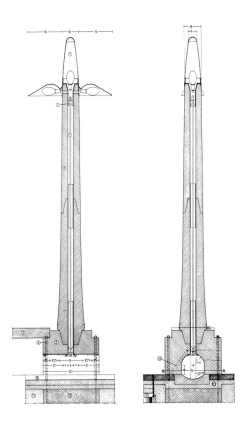

PIAZZA XXIV MAGGIO

CORMONS
ITALIEN / ITALY
1989/90

Zwischen Udine und Görz gelegen, repräsentiert Cormons als Hauptstadt des Collio-Gebiets den charakteristischen Typ einer friaulisch-venezianischen Kleinstadt. Der Hauptplatz mit dem Rathaus war stets auch Verkehrsknotenpunkt, welcher der Klärung, Organisation und Neugestaltung bedurfte. Ein wesentliches Element dabei ist die Entflechtung von Versammlungs- und Verkehrsflächen sowie die räumliche Akzentuierung mittels einer Brunnenanlage und einer Reihe von Beleuchtungsmasten. Der Steinbelag greift die Silhouetten mehrerer Bauten am Platz auf, die Texturen zeichnen die Volumina nach. Glasplatten über den beim Aushub gefundenen römischen Stadtmauerresten weisen auf die frühe Geschichte des Orts hin. Das Brunnenobjekt dient auch als Sockel für die Figur eines steinewerfenden Knaben des in Wien ausgebildeten Bildhauers Anfonso Canciani. Implantate aus Rosso-Verona-Stein transportieren sanguinische Stimmungen, eine monolithische Pergola bildet einen Auftakt des monumentalen Campanile.

Cormons, which lies between Udine and Görz, represents as the capital of the Collio-region the characteristic small Friaulic-Venetian town. The main square with the town hall always acted as a traffic junction and it required clearing, organization and a re-design. An important element was the disentanglement of the assembly and traffic surfaces, another was the accentuation of space using a fountain and row of light masts. The stone surface reflects the silhouette of a number of buildings on the square and the textures delineate the varying volumes. Glass slabs above the roman city wall remains point to the early history of the location. The fountain object also serves as a plinth for the figure of a stone-throwing boy by Anfonso Canciani, who trained in Vienna. Elements of Rosso-Verona-stone and a monolithic pergola add further elements to the light tone of the place.

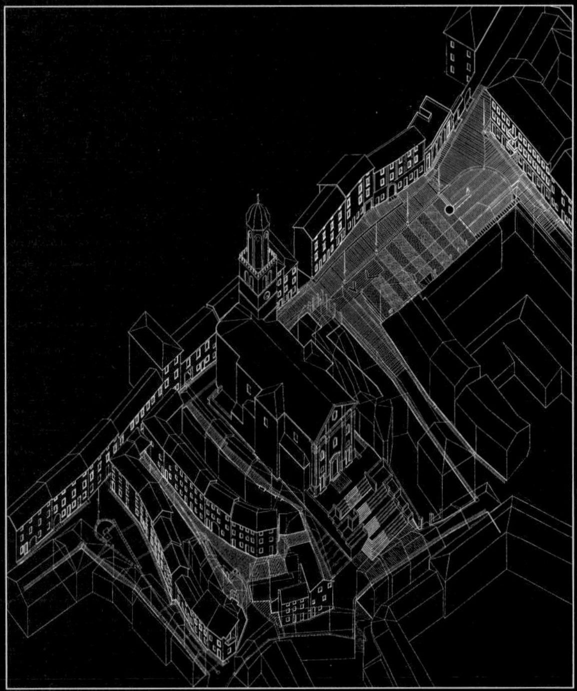

Glasplatte über römischen Mauerresten / *Glass slabs above the roman city wall remains*

Steinewerfer von Alfonso Canciani, um 1900 / *Stone-throwing boy by Alfonso Canciani, around 1900*

Monolithische Pergola / *Monolithic pergola*

MEIDLINGER HAUPTSTRASSE

WIEN / VIENNA
1989–1995

Die Meidlinger Hauptstraße durchzieht als zentrale Achse ein altes Wiener Bezirkszentrum und verbindet zudem zwei bedeutende innerstädtische Verkehrsknotenpunkte. Neben zahlreichen Läden entlang der steil abfallenden Hauptstraße sind in Blockabstand auch zentrale Einrichtungen wie ein Marktplatz und diverse Grünräume angebunden. Durch die Bestimmung dieser Einlaufsstraße als Fußgängerzone entsteht die Notwendigkeit einer Gestaltung, die neue Akzente der Wahrnehmung setzt. Wesentlichstes Mittel dazu ist das Beleuchtungskonzept, das verschiedene Höhen und Intensitäten der Lichtkegel einsetzt, um Raum zu modellieren. Die eigens entworfene, von AE Austria hergestellte Leuchtentype bedient sich dabei auch indirekten Lichts, der spitz zulaufende Mast signalisiert Festlichkeit. Neben der Lichtregie werden auch plastische Elemente, etwa in Form einer Brunnenanlage verwendet, um einzelne Raumbereiche klarer zu definieren. Der Bodenbelag ersetzt das alte Bürgersteig-Fahrbahn-Profil durch eine durchgehende Fläche, die zum Flanieren einlädt.

Meidlinger Hauptstraße intersects the center of an old district as a central axes and connects two important inner-city traffic hubs. Central facilities such as a market place and various green areas are linked in regular block intervals. This access road's zoning as a pedestrian area required a design that allows for new forms of perception. The most significant element employed for this is the lighting concept. Spaces were modeled with the use of varying light beam heights and intensities. The purpose-designed lamp type built by AE Austria also makes use of indirect lighting, pointy-ended mass signals festivity. Along with the orchestration of light, three-dimensional elements such as a fountain area were used to define individual spaces more clearly. The ground surface replaces the old sidewalk/driving lane profile with one continuous level that invites visitors to go for a stroll.

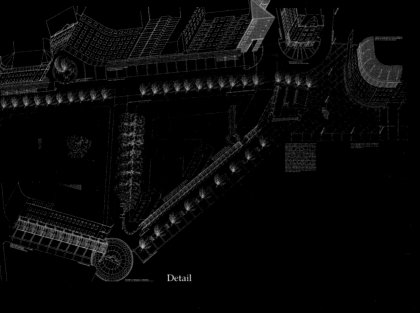

Detail

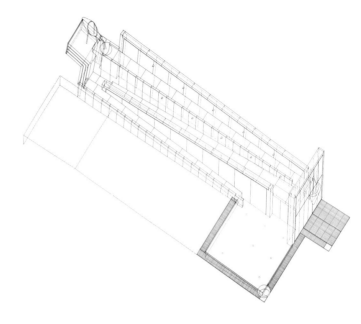

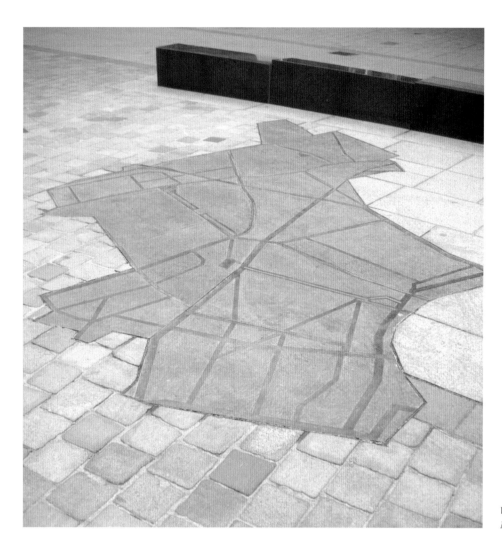

Bezirksplan im Pflaster
Map of the district in the pavement

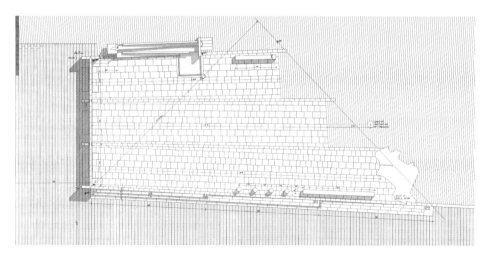

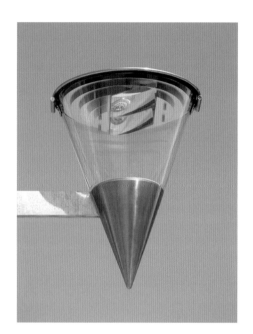

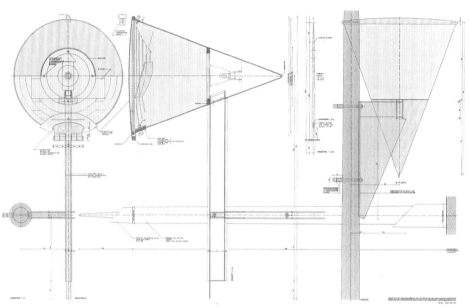

Leuchte mit beweglichem Spiegel / *Lamp with movable mirror*

WIENER UMWELTMEILE

VIENNA ECOLOGICAL MILE
DONAUKANAL, WIEN /
VIENNA
1990

Das Projekt wurde nach gewonnenem Gutachterverfahren realisiert. Eine Reihe von plastischen Installationen vermitteln den Stadtbewohnern Wissen über das Leben im Fluss. Die Objekte sind am Rande der Inneren Stadt entlang des Donaukanals situiert, der als einer der Flussarme um 1900 im Zuge der Donauregulierung gefasst und von Otto Wagner mit Bauten versehen wurde. Sonst kaum genutzter Stadtraum wird so den Bewohnern erschlossen und zusätzlich auch eine neue Beziehung zum Wasser hergestellt.

A number of sculpted installations offer city inhabitants information on the river's life forms. The objects are located along the inner city shore of the Danube Canal, which was created during the regulation of the Danube around 1900 and lined with structures by Otto Wagner. Inhabitants now visit this otherwise barely used space of the city, which also creates a new link to the body of water.

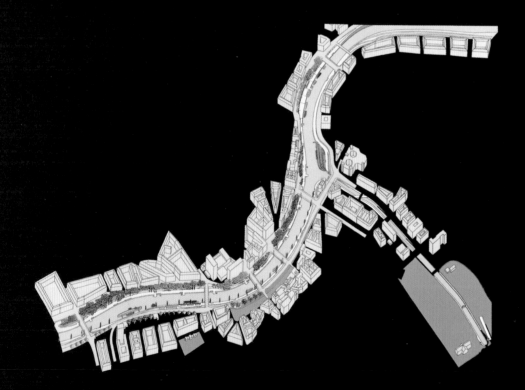

Donaukanal mit Otto-Wagner-Bau und Pavillons / *with Otto Wagner building and pavilions*

In der Donau bei Wien und den angrenzenden Augebieten leben 60 verschiedene Fischarten.
Diese Artenvielfalt wird durch die vielfältigen Lebensräume, die der
freifließende Strom und seine Nebenärme bieten, ermöglicht.
Der Nationalpark Donau Auen sorgt dafür, daß es so bleibt.
Hier sehen Sie die wichtigsten Arten vom kleinsten bis zum größten Fisch.

IDEENFINDUNG SCHÖNBRUNN

IDEAS AND SUGGESTIONS, SCHÖNBRUNN
WIEN / VIENNA
1991

Ausgangspunkt für den Ideenwettbewerb war der unbefriedigende Zustand der Zone vor dem Areal des ehemaligen Habsburger-Schlosses Schönbrunn. Stadträumlich ist der abgeschlossene ehemalige Herrscherbezirk mit dem großen, mauerumfriedeten Park und den darin liegenden Tourismus-Einrichtungen des Schlosses und des Zoos mit jährlichen Frequentationen weit jenseits der Millionengrenze nur provisorisch an die umgebenden Stadtgebiete angeschlossen. Vor allem der Bereich vor dem Haupttor des Schlosses in dessen Mittelachse ist wegen der in enger Abfolge gestaffelten Querdurchschneidungen durch höchstrangige Verkehrsadern gestalterisch und verkehrsplanerisch problematisch. Parkplätze für Autos und Reisebusse durchmischen sich hier chaotisch mit den beiden vom Wienfluß getrennten Richtungsfahrbahnen der nationalen Hauptverkehrsader der Bundesstraße 1, der Haupteingangsstraße Wiens vom Westen her, die den Schloßvorplatz im rechten Winkel zur Schloßachse quert. Dazwischen verläuft eine Zone mit Sportanlagen und weiteren Parkplätzen und der Wienfluß in einem offenen Becken, das auch von der U-Bahn genutzt wird. Jenseits der B 1-

Westrichtungsfahrbahn folgt eine öffentliche Parkanlage sowie als Kontrapunkt gegenüber dem Schloß das um 1900 erbaute Technische Museum. Als Fernziel wird daher eine große Verkehrslösung angestrebt, die eine Untertunnelung der Hauptstraßen und eine Verkehrsberuhigung der umliegenden Gebiete bringen soll. Kurzfristig wird eine Reihe von baulichen Eingriffen im weitläufigen, aber zerklüfteten Gebiet zwischen Schloß und Technischem Museum empfohlen. Ein Mittel dazu ist die Ausbildung eines konchenartigen Raums, der vom Museum über das Schloß bis zur Gloriette reicht. Auf den Überplattungen des Wienflusses werden dazu seitliche Grillagen vorgeschlagen, in denen Kisoke, Kassen und andere Einrichtungen für den Besuchstourismus untergebracht sind. Eine Wasserstraße akzentuiert den Boulevardcharakter der Schloßallee, die Böden werden in Kies und Stein formuliert. Das Spannungsverhältnis zwischen den großen Baukörpern von Schloß und Technischem Museum soll betont, der Vorplatz des Museums neu gestaltet werden. Die Umwidmung der Westausfahrt Wiens, der Hadikgasse, in einen Fußgänger- und verkehrsberuhigten Bereich mit neuer, kleinmaßstäblicher Infrastruktur von Läden und Gastronomie soll zwischen dem neugestalteten Gebiet und dem Biedermeier-Bezirk Hietzing vermitteln. An der gegenüberliegenden Seite der Wientalachse soll die vorbeiführende Winckelmannstraße ebenfalls verkehrsberuhigt und mit einer „Häuserzeile am Park" nach englischen Vorbild bebaut werden. Weitere Gestaltungsmaßnahmen betreffen die Sporteinrichtungen am Terrain.

The objective of the ideas competition was to improve the unsatisfactory condition of the zone in front of the grounds of Schönbrunn, the former Habsburg castle. In terms of urban space, the former imperial district with the large walled-in park and the castle tourist attractions as well as the zoo, which attract well over a million visitors a year, was only connected to the surrounding city areas in a provisional manner

The area in front of the main gate was particularly problematic in terms of design and planning since it lies in front of the middle axle of the castle and because it features a series of important, closely set traffic routes. Parking spaces for cars and busses are haphazardly located between the Vienna River and the separate lanes of Bundesstraße 1, the main western access route to Vienna, which intersects the forecourt area in front of the palace at a right angle. A zone with sports facilities and additional parking spaces as well as the open basin of the Vienna River, which is also used by the subway runs in between. Beyond the B1 lane heading west lies a public park and the Technical Museum, which was built in 1900. The long-term goal is to find a large-scale traffic solution in the form of a tunnel underneath the main roads that should lead to a calming of the traffic situation in the surrounding areas. A series of short term structural changes is recommended for the far-reaching but interrupted zone between the castle and the Technical Museum. One measure is the creation of a conch-like space that comprises the area from the museum to the castle and the Gloriette. Lateral grillages were suggested on the slabs covering the Vienna River for kiosks, ticket booths and other facilities for visiting tourists. A waterway accentuates the boulevard character of Schloßallee and the gravel and stones are used on the ground. The tension between the two large structures of the castle and the Technical Museum should be emphasized and the forecourt of the castle should be remodeled. The zoning of Hadikgasse, the western highway exit of Vienna as a pedestrian area and low traffic frequency area with a small scale infrastructure of stores and locales should make it a hub between the newly designed area and the Hietzing Biedermeier district. Winckelmannstraße, on the opposite side of the axle should also become a low traffic frequency area and feature a housing „Row on the Park," in the English tradition. Other measures are planned for the sports facilities on the terrain.

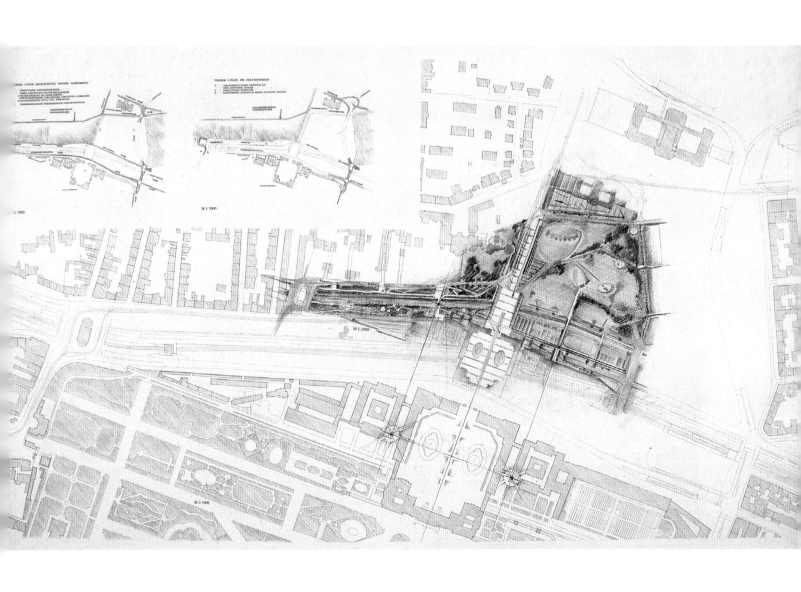

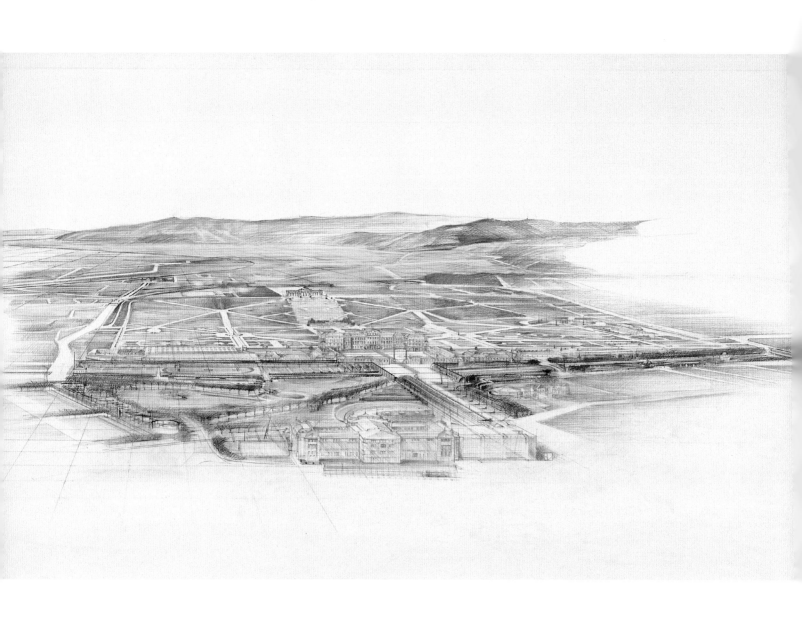

Parklandschaft zwischen Schloß Schönbrunn und Technischem Museum
Landscape park between Schönbrunn Palace and Technical Museum

LEIPZIGER PLATZ

WIEN / VIENNA
1991–1994

Der „Platz" war hier im Grunde nur die Freifläche zwischen Bebauungen sehr unterschiedlichen Alters und Maßstabs. Eine große städtische Schule aus dem Jahr 1903 sollte den Kern einer weiteren Blockrasterbebauung dieses ehemaligen Au- und Überschwemmungsgebiets der nahen Donau bilden – aber erst nach 1945 wurden die umliegenden Flächen mit großen Wohnbauten im typologisch und formal verödeten Stil der 1960er Jahre bebaut. Die Platzgestaltung versucht eine Verbindung dieser heterogenen Volumina und eine Anknüpfung an die großen Freiräume zwischen den gründerzeitlichen Blocks und den simplen Schachteln der Nachkriegszeit. Zusätzlich sollte der Vorplatz eines U-Bahn-Zugangs akzentuiert werden. Als Brennpunkt dieser vielfältigen Orientierungen wurde ein schwarzer Würfel aus Labradorgranit gesetzt, der in eine Wasserhaut gekleidet und von Wasserspeiern perforiert ist. Ein Stahlrahmen markiert den Ort zusätzlich und fungiert nachts als Lichtträger. Neben dem Wiener Standard-U-Bahn-Abgang wurden im Umfeld des Brunnens individuelle Sitzgelegenheiten in Form von hölzernen Bänken jeweils unter Bäumen situiert und mit differenzierten Bodengestaltungen versehen. Zweierlei Lichtmasten bieten Punkt- und allgemeine Beleuchtung.

In this case, the "square" was the free space between two buildings of very different ages and scales. A large public school dating back to 1910 was meant to be at the center of yet another large grid of blocks on the former meadows and floodplains, but construction only began after 1945 and the surrounding spaces were cluttered with typologically and formally boring examples of 1960's architectural style. The design of the square tries to create a connection between these heterogeneous volumes by linking the large spaces between the Wilhelmian style blocks and the simple post-war era boxes. The objective was also to stress the forecourt area of a subway station entrance. A black cube of Labrador granite cloaked in a skin of water and perforated with water jets was set as the focus of attention at the center of the many different directions. A steel frame marks the site as well and serves as a source of light in the evenings. Individual wood benches were arranged on different surfaces under trees surrounding the fountain, next to the standard Viennese subway entrance. Two types of light masts offer both pointed and general lighting.

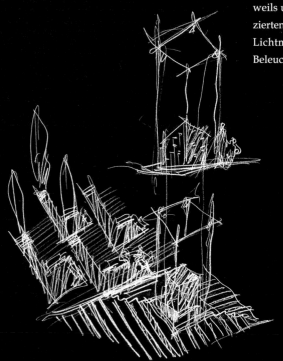

RATHAUSPLATZ

St.Pölten hat durch die Entscheidung im Jahre 1987, Landtag und Regierung des größten österreichischen Bundeslandes, Niederösterreich, aus Wien hier her zu verlegen, einen großen baulichen Entwicklungsschub erlebt. Parallel zu den Neubauten der Landesregierung am Rande der Altstadt wurde die Kernstadt revitalisiert. St.Pölten zeigte die typischen Probleme österreichischer Kleinstädte am Ende des 20. Jahrhunderts: Strukturwandel, Suburbanisierung, Abwertung des historischen Bestandes im Kerngebiet und Gebrauch der Stadtplätze vorwiegend als Parkflächen. Typisch ist aber auch die hohe Qualität der Barockarchitektur: hier lebten und wirkten bedeutende Baumeister wie Jakob Prandtauer und Joseph Munggenast sowie der Maler Bartolomeo Altomonte. 1785 wurde St. Pölten Bischofs- und Garnisonsstadt. Die Rückführung des Hauptplatzes zu einem öffentlich genutzten Veranstaltungsraum griff die gegebene Gliederung mit der barocken Pestsäule und den gegenüberliegenden Hauptgebäuden von Rathaus und Franziskanerkirche auf. Steinerne Teppiche verbinden diese traditionelle Zentren des bürgerlichen und religiösen Lebens. Der Platz selbst ist „dreischiffig" strukturiert, mit einer freien Mitte und zwei seitlichen Funktionsbereichen. Hier wurden Stadtmöbel, Brunnenanlage, Garagenabgänge und Beleuchtungsmasten positioniert. Die Lichtregie des Platzes akzentuiert nicht nur verschiedene Stimmungen, sondern gibt dem Freiraum auch eine quasi-bauliche Gliederung verschiedener Höhenzonen.

St.Pölten experienced a great development and construction surge after the decision was made in 1987 to move the regional parliament and government of Lower Austria, Austria's largest province, to St. Pölten from Vienna. The core of the town was refurbished parallel to the construction of the provincial government buildings along the borders of the old city. St.Pölten had the typical problems small Austrian towns had at the end of the 20th century: structural change, sub-urbanization, the devaluation of the existing historical buildings in the core area and the use of town squares as parking lots. But what is also typical of St.Pölten is the high quality of the Baroque architecture: important architects and builders such as Jakob Prandtauer and Joseph Munggeas well as the painter Bartolomeo Altomonte lived in St.Pölten. The city became a garrison and seat of a bishopric in 1785. The re-adaptation of the square as a public event space was possible by reemphasizing its earlier place in the sequence composed by the monument commemorating victims of the plague and the main buildings across the way, the city hall and Franziskanerkirche. Stone carpets connect these traditional centers of middle-class and religious life. The square itself has three levels with an open center and two lateral functional areas. City furniture, a fountain, garage access and lighting masts were positioned in these areas. The orchestration of light on the square accentuates various moods and also gives the space a semi-structural presence in the sequence of different elevation zones.

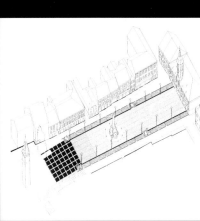

Steinerne Teppiche / *Stone carpets*

Ursprünglicher Zustand
Former situation

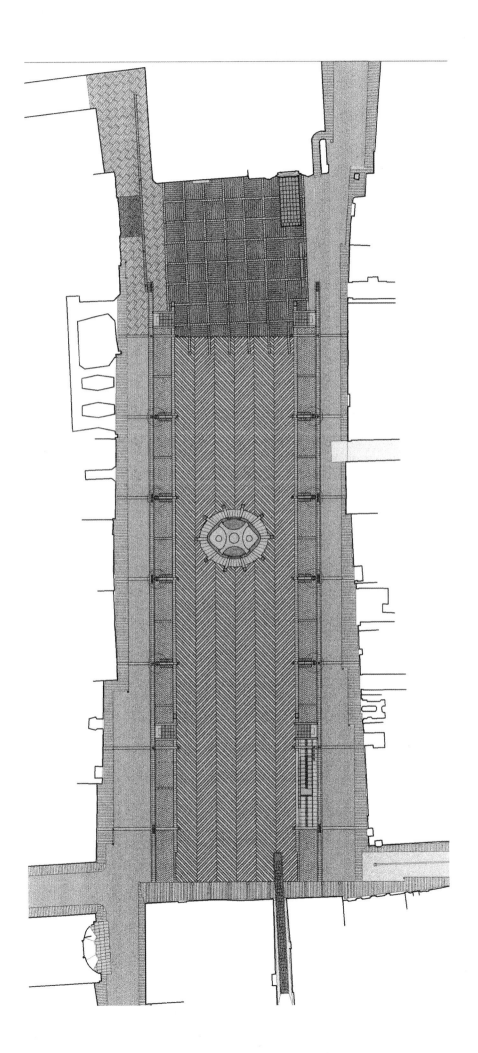

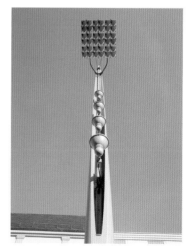
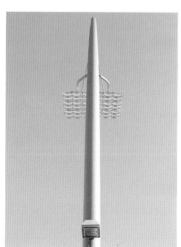

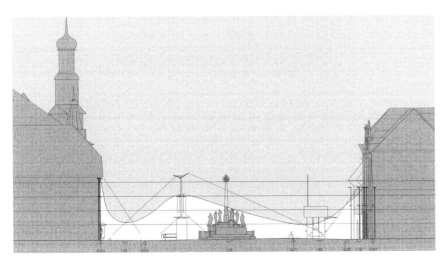

Beleuchtungsstudie / *Lighting study*

Brunnen mit drei Geräuschen
Fountain with three tunes

GREIF-AREAL

GREIF COMPLEX
BOZEN / BOLZANO
ITALIEN / ITALY
MIT / WITH PROMATEK
1992–2001

Die historische Altstadt von Bozen als traditionelles Handelszentrum der Region leidet unter den üblichen Strukturproblemen, die von einem restriktiven Denkmalschutz noch verschärft wurden. Die Aufwertung brachliegender Stadtflächen mit öffentlicher Nutzung hat deshalb besondere Bedeutung. Der Umbau des Traditionshotels Greif am zentralen Waltherplatz wurde zu einer groß angelegten Stadtreparatur, indem rückseitig an die zu sanierenden Altbauten zwei neue Baukörper für Büro-, Wohn- und Geschäftsnutzungen angefügt wurden. Urbanes Leben wurde der Stadt durch die Galerie zurück gewonnen, die zwischen diesen Neubauten als Passage mit Läden errichtet wurde. Die Überdachung der Galerie dient den Wohnungen und den Hotelgästen als begrünte Terrasse. Durch die Vermittlung der Galerie zwischen zwei wichtigen Punkten der Altstadt – dem Waltherplatz und der Raingasse – ergibt sich die nötige Frequentation und Aufwertung des Stadtteils. Die Wasserläufe und der Cippolino-Marmor verleihen der Passage ein fast großstädtisches Flair. Dabei werden architektonische Themen wie die Verwendung des Steins als Monolith oder als Bekleidung illustriert.

The historical center of Bolzano suffers from the usual structural problems that were exacerbated by increasingly restrictive landmark preservation laws. The re-gentrification of abandoned city spaces for public use was therefore especially important. The refurbishment of the traditional Greif Hotel on Waltherplatz became a large-scale urban project when two new buildings containing offices, commercial spaces and residential units were added to the older buildings that were renovated. The gallery built between the new structures serves as a shopping arcade intended to bring urban life back to the city. The roof of the gallery serves as a landscaped terrace for the apartments and hotel guests above. The gallery acts as a pivot between two important parts of the historical center of town– Waltherplatz and Raingasse – and the re-gentrification measures generate the desired increase in visitors to this part of town. The streaming water and the Cippolino marble used to panel the ground floor area give the walkway a metropolitan flair. Uses of marble are demonstrated through massive and "wallpaper" applications.

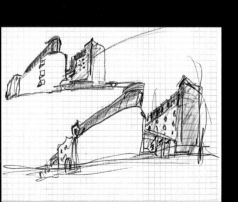

Wasser und Stein
Water and stone

Geschäftspassage / *Shopping arcade*

Fortsetzung des Außenraums innen / *Continuation of exterior space in the interior*

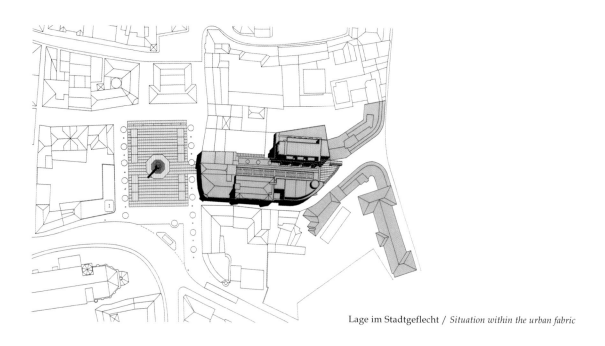

Lage im Stadtgeflecht / *Situation within the urban fabric*

HAUPTPLATZ

LEOBEN / AUSTRIA
MIT / WITH G. EIBÖCK
1995–1997

Der zentrale Marktplatz von Leoben mit seinen stark längsorientierten Abmessungen von 180 x 32 Metern war schon Teil der Stadtgründung im 13. Jahrhundert. Die alte Bergbaustadt mit ihrer renommierten Montanuniversität geriet mit der Schließung zahlreicher Bergbau- und metallverarbeitender Betriebe nach 1945 in eine Krise, die auch die übrigen langsam entindustrialisierten Städte der Region erfasste. Neue Stadtfunktionen sind nun eher unterhaltungs- und konsumorientiert, das Stadtbild wurde zum Thema. Die Neudefinition des Platzes als urbaner Lebensraum statt wie bisher als Parkplatz brachte für die Gestaltung die Notwendigkeit der Akzentuierung einzelner Bereiche: „Eine Reihe Steinteppiche von unterschiedlicher Größe, Farbe und Struktur definieren die diversen Stellen, die gemeinsam das große Kreuz in der Mitte der vier Häuserblöcke bilden. Der lange Marktplatz ist in vier verschiedene Hauptfelder unterteilt: zwei Kopfteile, jeweils mit Brunnen, und zwei mittige Teppiche mit Fischgrätenmuster, die sich auf Höhe der Pestsäule überschneiden, welche als einziges Element

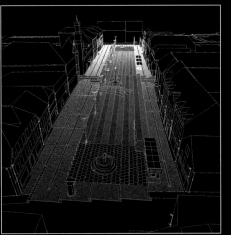

an ihrer ursprünglichen Stelle geblieben ist. Ebenfalls vor der Pestsäule kreuzen sich – allerdings auf einer niedrigeren Ebene – die weniger kostbaren Teppiche der beiden Querstraßen, die in Kunststeinplatten ausgeführt wurden. Die Textur ‚en relief' der Beläge des Platzes wird mit Mustern und Steinen erzielt, die je nach Projektsituation unterschiedlich eingesetzt wurden. An den Platzrändern sind die unregelmäßigen Flächen vor den historischen Fassaden nicht mit Platten belegt (die ansonsten diagonal, gegen die natürliche Ader des Steins, geschnitten hätten werden müssen), sondern mit Steinen aus der Mur (Murnockerl) gefüllt, die in einem Zementbett verlegt wurden. Die Fischgrätenteppiche wurden in abwechselnd hellem und dunklem Stein gelegt, um Bodenunregelmäßigkeiten zu kaschieren und einen Kontrast zur langen Flucht des Marktplatzes zu schaffen (rosa Vanga-Granit und grüner Fontain). Das einzige Element, das durchgehend über die ganze Länge des Platzes verläuft, ist ein Bronzeband, das die wichtigsten Daten zur Geschichte der Stadt Leoben anführt, von der Gründung bis in unsere Tage. Am bronzenen Band stehen auch die Metallmasten, die die Beleuchtungselemente für den Platz tragen. Die Laternen sind auf nur einer Seite des Platzes gereiht und bestehen aus Masten, an deren Spitzen sich ein System aus Reflexspiegeln befindet, die von Scheinwerfern angestrahlt werden. Diese Lichttechnik wurde von Podrecca gemeinsam mit dem Innsbrucker Lichtstudio Bartenbach ausgearbeitet" (Marco Pogacnik). Am Platzende setzt ein Kaufhaus den öffentlichen Raum kontrapunktisch in Stein und Glas fort.

The central market square in Leoben is characterized by the length of its dimensions (180 x 32) and was already part of the town in the 13th century. The old mining town and its renowned university slid into a crisis that after 1945 when a number of mining and metallurgic companies closed down. The same crisis also hit other towns in the region as they were gradually de-industrialized. The new city functions are more entertainment and consumption-oriented, which made the cityscape an issue. The new definition of the square as an urban living space as opposed to a parking lot made it possible and necessary to accentuate individual areas: "A row of stone carpets of differing sizes, colors and structures define the various locations, which together create the large cross in the middle of four housing blocks. The long market square is divided into four main fields: two headpieces, each with a fountain and two herringbone-patterned carpets in the middle that intersect at the level of the plague memorial, which is the only element that was left in the same spot. The less valuable carpets of the two less important crossroads are made of artificial stone and also intersect at the memorial. The Textur 'en relief' of the square's surfaces are achieved with patterns and stones that were used according to the project situation. The irregular surfaces along the edges of the square were not covered with stone slabs (which would have to be cut diagonally, against the natural vein of the of the stone). Instead, they were filled with stones from the Mur river ("Murnockerl") set in cement. Alternating light and dark stones (pink Vanga granite and green Fontain stone) were used to create the herringbone carpets to level potential surface irregularities and create a contrast to the long expanse of the market square. The only element that is used continuously throughout the entire square is the bronze ribbon that bears the most important information on the history of the city from its foundation to the present day. The metal masts that hold the square lighting elements are set along the ribbon. The lighting is only aligned along one side of the square and consists of masts with reflector mirrors mounted on their tips that are lit with spotlights. Podrecca developed this technique in cooperation with Lichtstudio Bartenbach in Innsbruck" (Marco Pogacnik). A department store resumes the public space in glass and concrete.

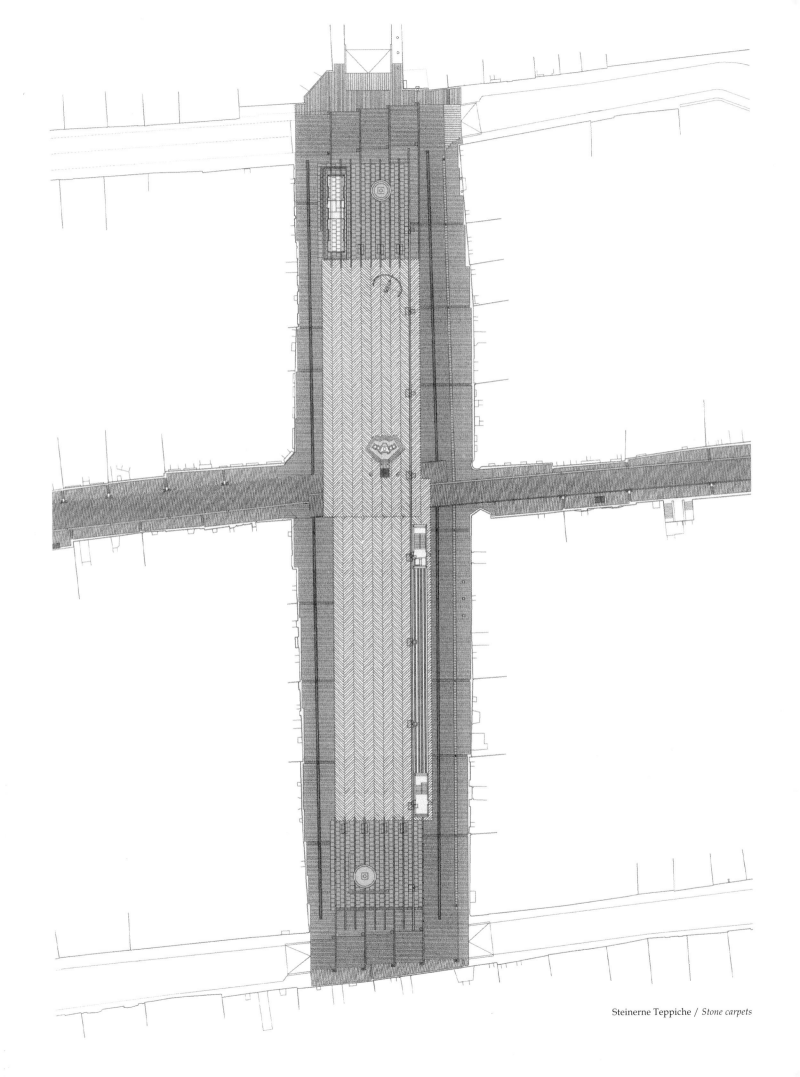

Steinerne Teppiche / *Stone carpets*

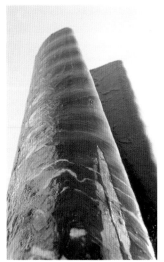

Brunnendetails
Details of fountains

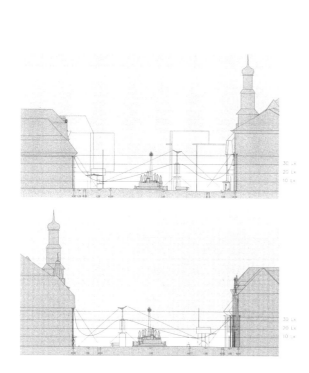

Modellstudie / *Model study*

Fließender Übergang Tag – Nacht / *Smooth transition from day to night*

Lichtplanung mit / *Lighting with*
Lichtstudio Bartenbach

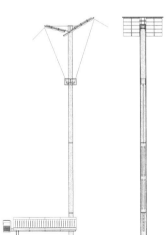

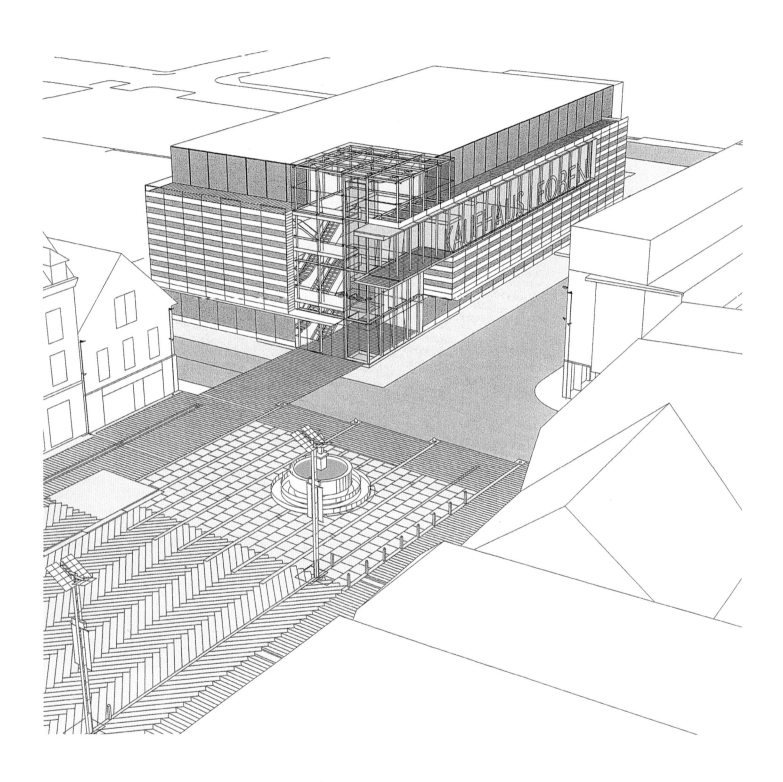

Übergang Stadttextur in Bautextur / *Transition from city to building texture*

Kaufhaus / *Department store*

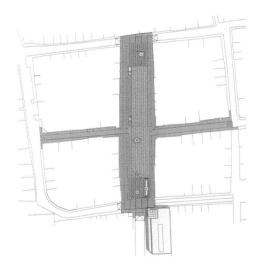

Boris Podrecca, „Put 16", Skizze / *Sketch,* 1997

REANIMATION – EINE RENAISSANCE DES STÄDTISCHEN PLATZES?

Boris Podrecca im Gespräch mit Matthias Boeckl

Warum redet man heute vom drohenden Verlust des „öffentlichen" Raumes?

Das Wort „Verlust" hat viel Unheil mit sich gebracht. Man denke nur an das Weinerliche im „Verlust der Mitte" von Hans Sedlmayr vor einem halben Jahrhundert oder den Verlust der „Civitas" bei Richard Sennett. Es geht eigentlich heutzutage um eine – wenn man so sagen will – „Enträumlichung" des traditionellen haptischen Orts, der als Kommunikationsgefäß zwischen Singular und Plural, zwischen dem Ich und dem Wir, funktioniert hat. Das telematische Gespräch, mit dem wir es heute zu tun haben, ist im Grunde genommen ortlos geworden. Das heißt, der Begriff des Ortes wurde liquidiert und ist austauschbar geworden. Den Begriff des Platzes, der vom Fest bis zur Hinrichtung reichte, gibt es daher in dieser großen Spannweite an Funktionen heute natürlich nicht mehr. Wir leben unter einem Diktat der Intimität – das heißt vor Bildschirmen, wo wir die ganze Welt empfangen – wodurch es natürlich zu einer Sinnentleerung der tradierten Begegnungsorte kommt. Die ungeplante, die unerwartete Begegnung kann nicht mehr stattfinden.

Die Kommunikationssysteme, mit denen wir heute umgehen, haben den physischen Raum überwunden und ihm den Todesstoß versetzt.

Aber man darf das nicht nur negativ sehen, denn es wurde zugleich auch eine neue Dimension eröffnet. Die Grenze zwischen der Wirklichkeit und der Imagination, die immer ein Kulturgut des Europäers war, wird aufgelöst. Der virtuelle Raum wird zum Zweck an sich, es findet eine regelrechte Abkehr vom physischen Raum statt. Die Parallelrealität wird als reale Realität wahrgenommen. Es bleibt dahingestellt, ob dies nun einen wirklichen Verlust darstellt oder einfach nur neue Bedingungen schafft. Meine Imagination ist jedenfalls immer noch materiell. Ich arbeite sehr gerne an der Entpathetisierung der digitalen Bilder und orientiere mich an materieller Realität. Ich versuche trotz der Faszination der digitalen Welt, einen faktischen Stadtraum zu gestalten.

THE URBANITES: REICH AN GELD – ARM AN ZEIT

Welche Nutzungen machen einen Raum überhaupt zu einem „öffentlichen"?

In der Tat stellt sich die Frage, für wen wir überhaupt „öffentliche" Räume schaffen. Wir kennen das Phänomen, dass städtische Plätze hauptsächlich von Minderheiten genutzt werden. Wir veranstalten zwar Wettbewerbe und imaginieren öffentliche Räume mit einer durchmischten Stadtbevölkerung, aber de facto werden sie von gesellschaftlichen Minderheiten besetzt. Also machen wir eigentlich soziale und ethnologische Arbeit.

Das Nervensystem des tradierten öffentlichen Raumes, wo sich vieles überschneidet und sich verschiedene Perspektiven in Zyklen ergaben, gibt es heute eigentlich so nicht mehr. Plätze werden heute eher eindimensional genutzt. Es treten keine übergreifenden Phänomene mehr auf. Die Wellness-Gesellschaft, zu der wir uns ja zählen müssen, hat keine Lust mehr aufs Flanieren im öffentlichen Raum. Sie bewegt sich in verchromten Werkstätten, wo der Leib diszipliniert und „Lifestyle" geboten wird. Ihre Maximen sind Friede, Ruhe und Entspannung, womit sie sich von der Aktivität und selbst ihrer Wahrnehmung abwendet. Wir bauen für eine Gesellschaft, die reich an Geld und arm an Zeit ist, und das Erlebnis des öffentlichen Raumes auf eine Unterhaltungs- und Verwöhnungskultur reduziert.

Also Entertainment und als Voraussetzung dafür ein Zeitbudget, das man als jemand, der diese Plätze nicht benutzt, im Prinzip sowieso nicht hat.
Der öffentliche Raum als Problem ist eine neuzeitliche Erscheinung. In der Literatur der 1920er und 1930er Jahre kommt dies nirgends vor, die klassische Moderne hat sich mit diesem Problem faktisch nicht beschäftigt. Beispielsweise gibt es – für heutige Zeiten unhaltbar – bei Otto Wagner die Perspektive des Wiener Donaukanals, die sich ohne auch nur einen einzigen Baum als wunderschöne Steinwüste präsentiert und den öffentlichen Raum in einer Lust am Gerät und Gegenstand monumentalisiert, aber es liegt keine Lust am Dialogischen der Menschen in diesem öffentlichen Raum vor. Es gibt nur spärliche Episoden, wie etwa Leberecht Migge, der grüne Loos, der 1910 fantastische Räume geschaffen hat und längst eine satte Monographie verdient.

Die Problematisierung und Infragestellung ist also ein Phänomen der Deurbanisierung in der Nachmoderne.
Der Urbanismus ist als Fach gestorben. Die letzten großen Urbanisten fanden sich in den kommunistischen und sozialistischen Ländern. Vor kurzem war ich in Moskau und kann sagen, dass ich noch nie eine so gut geplante Stadt gesehen habe. Der Urbanismus kam in den Ostländern immer vor der Architektur. Anders als bei uns, wo der Architekt sozusagen nach dem Bau-Entwurf mit der linken Hand auch noch den Städtebau „erledigte". Heute ist der Urbanismus, ist die Stadtplanung tot. Man baut dort, wo Platz ist und die Stadt ist ein Mosaik aus Fragmenten und profitablen Plätzen, wo der Investor lukrieren kann. Die Stadt schiebt noch die Tendenzen ein wenig hin und her, aber die große urbanistische Idee, die sich über die Stadt legt, ist nicht mehr möglich. Der verschwundene Urbanismus wird teilweise von der Sorge um den öffentlichen Raum ersetzt. Der kleine Restraum zwischen den lukrierbaren Architekturen wird nun thematisiert und problematisiert als Ersatz der großen Linie.

Ist dieser Prozess denn überhaupt zu beeinflussen?
Ich glaube nicht. Die Globalisierung der Marktwirtschaft, der neoliberale Kurs oder

DER STÄDTEBAU IST TOT – ABER DIE STADT ÜBT WIDERSTAND

die sogenannte New Economy sind heute derart gefestigt und im politischen Denken verankert, dass die große Linie oder die geplante Stadt heute wohl nicht mehr möglich sind. Nicht dass deswegen die Chaostheorie als anderes Extrem gewonnen hätte, aber das öffentliche Leben und die Kommunikation unter freiem Himmel oder auch unter verglaster Luft als Symbol der guten Stadt spielt sich nicht mehr auf dem üblichen Gebiet ab. Es existiert jetzt zwischen den Artefakten und Narzissen der Architektur, die sich verkaufen lassen.

Ist der öffentliche Raum also zur Ersatzhandlung degeneriert?

Das ist der ernüchternde Befund. Ein Abbau der Stadtverantwortung, denn die Stadt hat nicht mehr das Potenzial, den Raum zu kontrollieren. Die Stadt genehmigt den Bau und verlangt dafür zehn Prozent für den öffentlichen Raum, der so zum Almosen der Verwertungsmultis und Immobilienwirtschaft wird.

Aber wenn ich Stadtraum mache, dann interessieren mich etwa die spezifischen Gerüche. Mich interessiert, was ich vorfinde und nicht, dass ich mit Konfektion reagiere, sondern einen Maßanzug liefere. Das gilt vor allem für eine europäische Stadt – später sprechen wir über Asien und Amerika. Primär interessiert mich die Festigung des Spezifischen der europäischen oder mitteleuropäischen Stadt. Ich glaube, dass sie noch genügend resistent ist und Potenziale hat, dass man nicht in Konfektionsdenken oder ein „Obolus-Esperanto" verfallen muss.

Macht es überhaupt Sinn, von „öffentlichem" statt allgemein von städtischem Raum zu sprechen?

Es gibt nur noch ganz wenige Non-Profit-Gruppen, die den öffentlichen Raum tatsächlich brauchen. Das ist aber ein Raum, den sie selbst nicht erzeugen oder finanzieren können. So stellt sich die Frage, was die Architektur hier machen soll, denn sie kann öffentlichen Raum nicht als Verwertungsobjekt „legitimieren". Aber sie kann natürlich ohne wirtschaftlichen Ertrag im Hintergrund auch nicht funktionieren. Als Architekt suche ich oft Objekte, die per se als Bindeglieder im öffentlichen Raum wirken. Also versuche ich neben den Funktionen, die einem aufoktroyiert werden, immer Objekte – sei es nun eine Sonnenuhr, ein Brunnen, ein Beleuchtungskörper – so zu gestalten, dass sie immer auch eine „öffentliche" Qualität abrufen und nicht nur eine wirtschaftliche. Natürlich muss man auch Profit leisten, aber man kann in einer Art Partisanenkampf im städtischen Raum diese „Viren" setzen. Es ist ein Partisanenkampf, den wir führen, um diesen tradierten Raum noch irgendwie am Leben zu erhalten.

Es wird also eine Qualität mitgeliefert, die gar nicht bestellt war?

So ist es. Das ist eine Dichotomie, eine Zweigleisigkeit, wie die Parallelaktion bei Musil – eine Parallelität, die man als Architekt bewerkstelligen muss, sonst ist man in Atlanta.

Welche Funktionen kann die historische Kernstadt heute überhaupt noch übernehmen? Kopiert sie etwa bereits die Funktionen der suburbanen Malls und Entertainment-Center, die ihrerseits Derivate der traditionellen Stadt- und Marktplätze sind?

Ich glaube, dass die Städte, in denen ich als Architekt arbeite, noch Widerstand leisten. Sie sind noch resistent genug, um den öffentlichen Raum aufrecht zu erhalten. Es geht aber natürlich nicht um die *Rekonstruktion* des traditionellen öffentlichen Raumes. Die Postmoderne hat uns viele an künstlichen Rekonstruktionen geliefert. Ich verwende aber lieber den Begriff der *Reanimation.* Vorausgesetzt ist aber hier, dass die Inhaltsträger korrespondieren mit realen Phänomenen. Wenn ich zum Beispiel einen Brunnen gestalte, dann will ich von ihm nicht nur Wasser haben, er soll auch ein Symbol der Vereinigung sein und Purifikation bringen. Ein Purifizieren des öffentlichen Raumes soll möglich sein, eine Reinigung in seinem Konstrukt und seiner Form. Ich möchte, dass er ein Dreiklanginstrument ist und auch Akustik, Geräusch liefert. Petrarca hat zum Beispiel über Geruch und Geräusche der Plätze geschrieben und diese immateriellen Dinge für bedeutend empfunden. Und ich möchte auch, dass ein Brunnen im Winter als Fläche für Scater funktioniert und sich die Jungen mit ihren Boards an diesen Steinkaskaden vergnügen können. Das bedeutet keine *Rekonstruktion* des Brunnens, sondern eine *Reanimation* des Begriffes des Brunnens. In dieser Strategie versuche ich mich zu bewegen und ich denke, dass damit öffentlicher Raum immer noch machbar ist.

Lässt sich der Erfolg messen? Die Stimulation durch diese Projekte zielt ja darauf ab, dass die Menschen traditionelle Stadtqualitäten wieder wahrnehmen und in einem zweiten Schritt womöglich auch wieder einfordern.

Es lässt sich absolut messen. Dazu zwei Beispiele, der erste und mein jüngster Platz: In Piran wurde mein Platz zunächst von einer Bevölkerung abgelehnt, die nur konsumistisch denkt. Eine Stadt, wo die ursprüngliche italienische Bevölkerung durch eine andere ersetzt wurde, die diese Stadt nicht mehr als die ihre empfindet, sondern nur als Ertragschance. Wenn ich dort mit nautischen Formen, mit dem Ellipsoid, mit verdrehten Achsen und ähnlichem komme, dann werde ich hinausgejagt. Ich habe es dort nur einem starken Mann zu verdanken, der zugleich Denkmalschützer und Bürgermeister war, dass ich diesen Platz bauen konnte. Kaum ist aber der Platz fertig und liefert eine Bühne, ein Tablett und Plateau für Veranstaltungen, wo sich die Stadt präsentieren kann, wird der Platz auch sofort angenommen und die Leute sind glücklich. Das zweite Beispiel ist Leoben, eine Stadt, deren ehemals große Industrie gestorben war. Der Bürgermeister war anfangs absolut skeptisch, wozu Millionenbeträge nur für eine Platzgestaltung aufgebracht werden sollten, wo man doch Schulen und dergleichen bauen könnte. Jetzt führt er in allen seinen politischen Reden den

Platz an erster Stelle an, weil die Menschen dort wieder flanieren, und gewann mit 62% sogar mehr an Stimmen als bei der letzten Wahl. Architektur ist ja auch Politik und der öffentliche Raum ist im Endeffekt ein politischer Raum, er ist nicht nur Genussraum. Aber ein Bürgermeister wäre dumm, wenn er im letzten Jahr seines Amtes begänne, Plätze zu gestalten. So kann er nicht gewinnen, denn wenn er auf vier Jahre gewählt ist, muss er ein Jahr lang denken, im zweiten beauftragen und im vierten ist alles fertig. Dann wird der Platz angenommen und den Menschen kommen auch Ideen, was sie mit dem Raum machen wollen. Vorher wissen sie das nicht, das wissen nur wir. Die gefährlichsten Leute sind nicht der Bauer oder der Handwerker, mit denen ich wunderbar umgehen kann, und auch nicht der geschulte und viel wissende Mensch, sondern die Halb- und Mäßig-Gebildeten. Aus meiner Erfahrung sind sie die größten Verhinderer.

Anhand dieser Beispiele sieht man also, dass nicht Rekonstruktion funktioniert, sondern Reanimation und Reparatur. Das sind in der Gestaltung pragmatisch nahe liegende Begriffe. Auf die Frage nach der historischen Kernstadt und was diese rezipieren kann, ist ein völlig neues Phänomen zu beobachten, das mir bisher unbekannt war und das ich nun auch in den Staaten entdeckt und mit dortigen Soziologen besprochen habe. Große Konzerne entkernen die historische Stadt nicht und verlegen die Potenziale an die Peripherie, sondern sie kommen jetzt wieder in die Stadt hinein. Verwerter haben erkannt, dass man in Zeiten, in denen wieder „Geschichte" und Lifestyle gefragt sind, in der historischen Stadt gerade durch ihr Image enorm lukrieren kann. In der Wiener Innenstadt gibt es Mieten, die in den letzten drei bis vier Jahren bis zu achtmal gestiegen sind. Aber die Vielfalt der europäischen Stadt und ihre Apotheose des Parterres geht zugleich leider zugrunde. Wir müssen plötzlich defensiv reagieren und Investoren bitten, in der Peripherie zu bleiben.

SEHNSUCHT NACH LICHT – JAMES JOYCE STATT CLAUDIO MAGRIS

Wie kann das Verhältnis von Innen- und Außenräumen in zeitgenössischen Platzgestaltungen definiert werden? Wie viel Witterungseinflüsse sind dem heutigen Stadtbewohner zumutbar? Mit dem Gedanken auch an große künstliche Innenräume wie The Venetian in Las Vegas, wo eine ganze Stadt im wohl temperierten Innenraum inszeniert wurde?

Das ist eine wichtige Frage, die mit einem Begriff städtischen Komforts zu tun hat. Ich habe in Wien versucht, vielleicht zu früh, beim Praterstern (vgl. S. 220) einen städtischen Raum zu schaffen, der eine Sequenz pflegt – im Freien, im Überdachten, im halbthermischen und thermischen Raum unter einer Bekleidung. Wenn man durch die Stadt geht, erlebt man Sequenzen des Thermischen – Naturluft und konditionierte Luft. Dieses Phänomen muss man gestalten. Der südliche, der mediterrane Raum etwa wird immer mehr interiorisiert. Die wunderbare Barockstadt Lecce, die den schönsten Corso hat und wo wegen der schönsten Frauen Italiens alle Südländer heiraten, wird interiorisiert. In Split und Dubrovnik ist das Flanieren bereits Touristenattraktion. Ganz im Gegensatz dazu der Norden: Zürich war bislang eine äußerst langweilige und satte Stadt. Aber in den großen städtischen Innenhöfen lebt jetzt die Jugend in Echoräumen auf, der öffentliche Raum hat dort zu klingen begonnen. Dort entwickelt sich jetzt neue Mediterranität. Und die beste Pergola, die ich je gesehen habe, befindet sich in Helsinki neben dem Designzentrum. Natürlich ist es dort auch der Sehnsucht nach der Sonne zu verdanken, die es sieben Monate im Jahr nicht gibt. So beobachten wir eine Umschichtung in Europa, in der sich der sonnige südländische Raum immer mehr interiorisiert und zum Schatten wandert und der nördliche Raum immer mehr mediterranisiert. Diese Kulturgeografie ist für mich ein wichtiges Phänomen, wenn ich Räume gestalte. Wir benötigen ja auch Geräte für den öffentlichen Raum, Lampen, Beleuchtung, Poller und so weiter. Nordisches Design war bis jetzt im Stadtraum führend, wenn man allein an die Beleuchtungskörper denkt. Aber von Le Corbusier gibt es keine Beleuchtungskörper. Das wurde im Süden nicht thematisiert und nicht problematisiert.

Triest, woher ich stamme, hat einen öffentlichen Raum, der sehr rigide ist und kanonisiert. Aus den ehemaligen Salinen, aus dem Salz wurden Häuser und die Kanäle wurden asphaltiert. Maria Theresia und die österreichischen Ingenieure haben das ganz pragmatisch und ohne irgendwelche Ästhetik gemacht. Dieser öffentliche Raum ist recht karg und grau, was mir durchaus gefällt, wie ein Anzug aus Flanell, der keiner besonders bunten Krawatte bedarf. Die Häuser sind kanonisiert in einem Neoklassizismus, der die Stadt eigentlich hält, aber innen, im Bauch der Häuser explodiert alles in Vielfarbigkeit mit Intarsien und Inkrustationen. Diese Spannung gibt es eigentlich im öffentlichen Raum kaum mehr. Der Innenraum des Hauses, des Geschäftes oder der Markthalle ist eigentlich der gleiche Raum wie der Raum der Straße. Ich bemühe mich nun für jede Stadt einen Maßanzug wie in Triest zu gestalten. Schon Venedig ist völlig anders als Triest – nur 100 Kilometer entfernt. Was Triest im Bauch hat, das trägt Venedig nach außen und zeigt sich als reich geschmückte Dame. Diese Unterschiede versuche ich, wenn ich Städte gestalte, am Leben zu erhalten und nicht umzukippen, was die Zeit ohnehin umkippen wird.

Sind Deine Platzgestaltungen spezifisch europäisch, oder könnten sie auch in Asien oder Amerika handeln?

In meinem Fall, der ich sieben Sprache spreche und noch einige Dialekte und in unterschiedlichen Kulturen aufgewachsen bin, bin ich schwer zu einem Einheitsbild zu zähmen. Ich liebe die romanische Kultur mit ihren Sonnen und Schatten oder die byzantinisch-slawische mit Alabaster, Onyx und Transluzidität, und auch die Disziplin des deutschsprachigen Denkens. Wenn man aus so einer Minestrone kommt, dann entstehen natürlich vielfältige Formentscheidungen. Ich kann mich nicht zu einem eleganten Minimalisten reduzieren oder einem sauberen Protestanten, meine Vielfalt schleppe ich natürlich mit und es ist nicht leicht, die galoppierenden Pferde zu bändigen. Es ist ein enger Kulturraum, in dem ich diese Plätze und Straßen plane, wo ich mich bemühe, sie einerseits vom regionalen Mief zu befreien, sie andererseits aber auch in einem weiter gefassten Kontext zu stabilisieren.

Ich hüte mich aber vor einem multikulturellen Begriff wie bei Claudio Magris, das stört mich, ich bevorzuge hier James Joyce, dessen Ulysses für mich ein wunderbares Beispiel ist. Es ist ein Konstrukt, eine Straße, eine Stadt – aber jederzeit kann man von anderswo hinein- oder hinausgehen und umgekehrt. Die großen Mitteleuropäer für mich waren immer Joyce oder Italo Svevo, die immer davon träumten, über den Horizont hinauszusegeln und vielleicht reich zurückzukehren. Sie übten nicht diese Vor-Ort-Multikulturalität. Das ist analog dazu auch meine Strategie, wie Plätze oder Straßen gestalte.

Anders wäre das, wenn ich nun in nichteuropäische Räume verurteilt wäre. Ich möchte nun nicht zu polemisch klingen, aber ich stehe vor dem Problem, dass alle allgemeinen Thesen mir in meinem Raum wenig helfen, etwa die Phänomene der Verschiebung der Stadt in Lagos oder Schlagwörter wie Multiplicity, Mutations und Hybridization und die vielen kleinen Rem Koolhaase, die man mit ihrem Esperanto heute von Holland bis Zagreb und von Belgien bis Belgrad und Mailand findet – das ist zeitversetzt die gleiche Art von Utopien wie von Le Corbusier. Charmante Thesen, analytisch präzise, was mir auch gefällt. Aber wenn ich dann sehe, wie diese Leute in ihrer eigenen Stadt etwas gestalten müssen, dann sind sie mit diesen Theorien verloren und sie schaffen nichts Griffiges – es wird gestottert.

LATZHOSE ODER SEIDENANZUG?   **Reden wir über Materialien ...**

Wir sind verurteilt zum Gehen, wir können nicht fliegen wie Ikarus und Daedalus. Aber in unseren in Italien neu gekauften Mokassins gehen wir leider meist nur auf europäischem Asphalt. Dieses Missverhältnis versucht man nun im öffentlichen Raum zu korrigieren: Wenn die Möglichkeit besteht, dann wird zum Stein gegriffen. Aber in der Praxis erleben wir eine Vereinheitlichung, müssen überall die gleiche Bekleidung verwenden, weil in den Stadttexturen nur wenige Materialien zu finden sind, die das Spezifische des Ortes zeigen können. Früher hat man beispielsweise in der nordischen Stadt Granit eingesetzt und Loos hat bei Kniže den Labrador verwendet – schwedischen Granit. Beispiele für die schöne Welt der Monochromie, während man im Süden polychrom gehandelt hat, mit Intarsien, Inkrustationen, Sonnenuhren und anderen Instrumenten im Boden. Durch Zeiterscheinungen wie Verschmutzung und mit den Brüsseler Normen, den vorgeschriebenen Fugen und den gesamten Normdiskurs, der kein Qualitätsdiskurs mehr ist, kann ich im Grunde genommen nur mehr Granit verwenden. Wenn ich eine gute Oberfläche der Stadt garantieren will, bin ich zur Monochromie verdammt, denn es gibt kaum polychromen Granit, außer ich verwende Bahia Blue aus Brasilien, der teurer als Gold ist. Erneut befinde ich mich mitten im Partisanenkampf, suche in der Familie der harten Kalke etwas oder in Italien, wo es das Sanguinische auf den Plätzen gibt und alles weniger grau ist, also Rosso di Verona, Rosso Assiago, Rosso Prun. Aber das ist dann auch alles eine Frage der Resistenz, denn ich bemerke immer öfter und leider auch auf den von mir gestalteten Plätzen, dass die Derivate, die nicht Granite sind, mit der Zeit Schaden nehmen. Plötzlich befindet man sich dadurch auch im mitteleuropäischen oder mediterranen Raum auf der grauen Seite. Also sucht man weiter und findet in Indien wunderbare Steine und erlebt die Globalisierung: das Gras wird zehn Zentimeter abgeschabt, dann findet sich schon der Stein, ein rötlicher Granit. Über Hongkong gelangen mit 200 Schiffen die Granitblöcke nach Rotterdam. Von dort wird in Containern über den Brenner nach Verona geliefert, wo geschnitten, gesägt und texturiert wird. Von Verona geht es wieder zurück nach Indien für einen Maharadscha oder es wird ein Scheich in Dubai beliefert. Diese Migration des Materials ist heute am Markt billiger, als wenn ich ein Auto nehme und den Margaretner oder Sollenhofer Stein vor Ort vor meinem Haus kaufe. Wenn ich seinen Weg kenne, dann ist es eine Frage der Ethik, ob ich diesen Stein aus Indien verwende oder nicht. Eine Alternative ist dann, in die Künstlichkeit zu gehen und ich tendiere immer öfter zu Beton und Derivaten, um die Polychromie der Plätze zu retten. Es ist ein schmaler Grat, auf dem wir uns hier bewegen.

Wer im schnellen Vorbeigehen kein taktiles oder visuelles Erleben mehr geboten bekommt, dessen Empfindungsgabe muss wohl verkümmern?
Das ist die Frage nach der Wertigkeit: ein Erlebnis von Geschwindigkeit oder meine Steintextur? Die Loos'sche Frage erscheint wieder, was einem Architekten denn mehr bedeutet, ein Kilo Gold oder ein Kilo Stein? Mit diesen Parametern haben wir es zu tun. Ohne Selbstmitleid empfinde ich mich in solchen Fragen oft als letzter Mohikaner, der sich mit Rhythmus beschäftigt, mit Kontrapunktion, glatter und rauer Fläche. Ich weiß, dass der Nutzer es bei seinen Beobachtungen eher als Kollateralschaden empfindet, wobei es in Wirklichkeit ein kollateraler Nutzen ist. Es stellt sich die Frage, ob die kulturgeografische Strategie, die ich anwende, auch Zukunft haben wird oder ein Dinosaurier ist.

Das ist eine pessimistische Perspektive. Glaubst Du nicht, dass die Sinne und die Wahrnehmungsfähigkeiten neu stimuliert und entwickelt werden können?
Das ist im Grunde mein Projekt: Die *Reanimation* anstelle der *Rekonstruktion*. Mir fehlt im öffentlichen Raum, wo es so viele Bilder und Abziehbilder gibt, der Hintergrund, die Tiefe und das, was ich Gewichte nenne. Die tradierte Stadt hatte das, es gäbe unzählige Beispiele dafür. Wir sprechen hier über die Qualitäten und Machbarkeit des

REANIMATION STATT REKONSTRUKTION

öffentlichen Raumes, aber nirgends wird Platzgestaltung unterrichtet. Wir haben territoriale Politik, Urbanismus en gros – zum Beispiel das Ruhrgebiet, wie verwandeln wir die kaputte Industrie von Thyssen und Krupp in einen Park der Sinne? Und es wird Siedlungswesen gelehrt, Architektur und Bauwerk und Stilkunde. Aber der weiche Körper der Stadt dazwischen, das Feminine im epischen Feld der Stadt, der öffentliche Raum wird nicht behandelt. Das war immer nur die Disziplin des Bildhauers, des Malers, des Kaufmannes.

INSTINKTIV UND ANIMALISCH

Wie ist die Rolle der Bürger im Planungsprozess einzuschätzen?

Alle Versuche der offenen Bürgerbeteiligung, des Mitplanens und Mitdenkens, halte ich für absolut schädlich und widersinnig. Denn am Ende kommt dabei der berühmte Satz von Karl Kraus heraus: Es lebe das gleiche Unrecht für alle! Architektur ist im wesentlichen ein intelligenter Kompromiss. Das unterscheidet Architektur von Kunst. Der Maler, der vor der weißen Leinwand sitzt, und dort nicht rülpst und die Welt verändern will und kein Pyromane ist, der ist ein Schuft. Ein Architekt als Pyromane ist aber ein Idiot. Er muss vielmehr zugleich Pyromane und Feuerwehrmann sein, Don Quichote und Sancho Pansa. Ich kann als Architekt kein Künstler sein. Das wäre billige Politik und nicht wahr. Bürgerbeteiligung betreibe ich so: ich schaue mir die Dinge an, ich rede und erkundige mich, aber nicht zuviel, da zu viel Wissen über den Ort auch schadet. Es gilt ein instinktives und animalisches Wissen von diesem Raum zu entwickeln oder es sein zu lassen, denn das ist nicht einfach nur durchzuanalysieren. Nach der dieser Einfühlungsphase mit der ersten Idee, versuche ich beim Gespräch mit den Verantwortlichen zu missionieren. Denn wer bezahlt, muss zumeist missioniert werden. Dann muss das entstandene Konzept gefestigt werden und vor der Fertigstellung geht man zum Bürger und eröffnet das Gespräch über ein bereits geltendes Konzept. Aber da sind nur mehr Varianten innerhalb eines vorgegebenen Rahmens möglich. Das Grundgerüst müssen wir Planer vorgeben. Mit Ausnahme von Einsprüchen, wie etwa dem eines Historikers, der aufmerksam macht, dass ein tragendes Element im Konzept nicht notwendig sei, weil es in der Stadt keine Historie, sondern nur Zufälle gab.

Die Bürgerbeteiligung ist jedenfalls kein Kriterium für die Akzeptanz oder den Erfolg des Projekts?

Nein, denn es geht um mehr oder weniger Wissen. Der Bürger, neben dem wir sitzen, kann das Happy End eines Platzes einfach nicht imaginieren. Ihm fehlen einfach die nötigen Parameter, auch wenn er in der Toskana war. Da seine Informationen nicht so weit reichen wie die des Planers, kann er zur Verbesserung des öffentlichen Raumes auch nicht so viel beitragen.

Vielleicht ist die Nachfrage nach Mitspracherecht bei der Planung öffentlicher Räume ja auch gar nicht so groß?

Die erste Frage, die der Bürger mir stellt und die noch nichts mit Ästhetik, Ethik oder Verbesserung zu tun hat, ist immer die nach dem möglichen Verlust des Parkplatzes. Natürlich ist das eine existenzielle Frage, aber auch eine äußerst egozentrische. Und meist geht es dann auf diesem Niveau weiter. Die öffentliche Garage liegt dann vielleicht 28 Schritt weiter als sein gewohnter Parkplatz, worin er einen massiven Qualitätsverlust ausmacht. Der Bürger kann nicht imaginieren, was ihm auf der anderen Seite für diesen geringen Verlust geboten wird. Der Hauptplatz in Leoben war beispielsweise tot, man konnte nichts mehr an ihm verdienen. Am Tag der Eröffnung hat ein italienisches Restaurant dort einen Umsatz von 145.000 Euro gemacht. Der Platz ist wirtschaftlich aufgeblüht. Selbst ein Café im letzten Stockwerk eines Gebäudes am Platz floriert wie nie zuvor. Die Leute müssen überzeugt werden und es müssen ihnen langsam die Viren der Qualität implantiert werden. Die schwierigste Hürde der Ortsgestaltung ist immer die frühe Akzeptanz.

In der Steiermark, wo Du ja schon viele Platzgestaltungen gemacht hast, scheint sich das Phänomen auszubreiten und es scheint, dass dort eine Stadt von der anderen gelernt hat.

Wir sind früher nach Italien gepilgert, um zu lernen, wie Plätze am besten gemacht werden. Mittlerweile werden aber wir nach Italien gerufen, weil die Italiener selbst keine Plätze mehr machen können. Was Gestaltung war, galt dort an den Universitäten lange als „bürgerlich" und wurde nicht mehr gelehrt. Scarpa hat in Venedig nicht Architektur, sondern Zeichnen gelehrt. Und wir machen jetzt in Norditalien mehr Gestaltungen als in Österreich, Deutschland, Slowenien oder Kroatien. Andererseits passt dies in unsere Zeit der Vernetzung, wo nichts mehr Ausland und nichts mehr Inland ist. Es ist alles ein gemeinsames Feld geworden, zu dem auch diese Art Migration gehört.

Gibt es denn die „europäische" Stadt überhaupt noch und was wird mit ihr passieren?

Es gibt glücklicherweise eine Gegenbewegung, je mehr die Globalisierung und das Konfektionelle fortschreitet. Als Architekt bemühe ich mich um die Akzentuierung der Unterschiede. Die Differenz interessiert mich viel mehr als das Verbindende. Die Strategie der Unterschiede reizt mich mehr als die des Gemeinsamen. Letzteres bekomme ich nolens volens ohnehin vorgeschrieben. Gibt es noch Lokalkolorit und Identitätsträger, die für einen spezifischen Ort in besonderer Weise eingesetzt werden können? Diese Strategie versuche ich zu verfolgen, da ich den europäischen Stadtraum immer noch auf eine Art resistent halte, wie ich es nicht in Atlanta oder Tokio finden kann. Ich bemühe mich, der Entwicklung der Entdichtung des Lokalkolorits im europäischen Stadtraum entgegenzusteuern, wobei ich nicht einschätzen kann, ob das reaktionär, zukunftsträchtig oder zeitgemäß ist.

KULTIVIERUNG
DER UNTERSCHIEDE

Bist Du damit Kritik ausgesetzt?

Nein, das nicht, aber es gibt den Vorwurf im Hintergrund, dass ich zu viel zeigen will. Die Suche nach Identitätsträgern kann natürlich mehrfach ausgelegt werden, sie bringt keine Vereinfachung. Ich muss mich also einerseits bremsen und andererseits doch auch meine Geschichte bis zum Schluss erzählen. Im Sprichwort heißt es, dass ein gutes Pferd auch viel Staub aufwirbelt und mir ist es unmöglich, keinen Staub aufzuwirbeln. Auf ein synchrones Bild kann ich mich selbst nicht zurückstellen, das wäre mir zu saisonal. Ich muss an die Gegenwart denken und zugleich darauf achten, dass meine Räume in zwanzig oder hundert Jahren noch resistent genug sind.

SLOMSKOV TRG

MARBURG, SLOWENIEN
MARIBOR, SLOVENIA
MIT / WITH M. LAVRENČIČ
1995–1999

Die Platzgestaltung steht in Zusammenhang mit dem Umbau des Universitätsgebäudes. In dessen Innenhof verweist eine Piazetta mit einer großen Glaslaterne über die neue unterirdische Aula Magna auf die nahe Kathedrale. Neben der Universität befinden sich am Platz noch zwei Theater, die Theologische Fakultät mit dem Bischofssitz, die Archäologische Sammlung und die Post. Diese heterogenen Gebäude werden durch eine homogene Texturierung des Bodens zusammengefaßt, wo sowohl die Achse des Universitätsgebäudes als auch jene des Domes in einem entsprechenden Betonmuster amalgamiert werden. Für den Bereich rund um die Kathedrale hatte Josef Plečnik einen elliptischen Kontur vorgeschlagen, der von nachfolgenden Architekten realisiert wurde. Diese Umrisslinie wird beibehalten, allerdings die Strahlenfigur des Bodenbelags aus halbierten Flußsteinen ersetzt. Weitere historische Tiefenschichten am Ort sind ein römisches Castrum und seine mittelalterliche Überbauung. Die weite Platzfläche, bisher ein vernachlässigtes städtisches Vakuum, wird nun durch Inselmilieus gegliedert. Sie bestehen aus erhaltenswerten Bäumen mit Bänken, Brunnen, kleinen Plastiken und verschiedenen Geräten. In der Längsrichtung des Platzes verlaufen Steinbänder, auf denen Beleuchtungsmasten, Bänke, Hydranten, elektrische Anschlüsse, Infotafeln und andere Funktionselemente positioniert werden. Diese Bänder werden von Pavillons und Brunnen abgeschlossen.

The design of the square is linked to the refurbishment of the university building on its border. A cube-shaped lamp over the new underground aularian hall in the interior courtyard of the building is a reference to the nearby cathedral. Two theaters, the theological faculty, the bishopric, the archaeological collection and the post office are also located on the square. These heterogeneous buildings are consolidated on the homogenous texture of the ground, which features large, halved, slightly cambered river stones. Josef Plecnik suggested an elliptic contour for the area surrounding the cathedral in the 19th the century, that was completed by his successors. The outline was kept, but the image radiated on the surface was exchanged. Other historical layers on the site area Roman Castrum and the medieval structures built on top of it. A rectangular image and emblem results from this configuration that is marked by a sagittal stone facing east. The square surface, which as an abandoned urban vacuum, is now structured with a series of islands. They consist of trees worth being preserved and benches, fountains, small sculptures and a variety of devices. Ribbons of stone with mountings for lighting masts, benches, hydrants electric lines and other functional elements follow the length of the square. Pavilions and wells round off the ends of the ribbons.

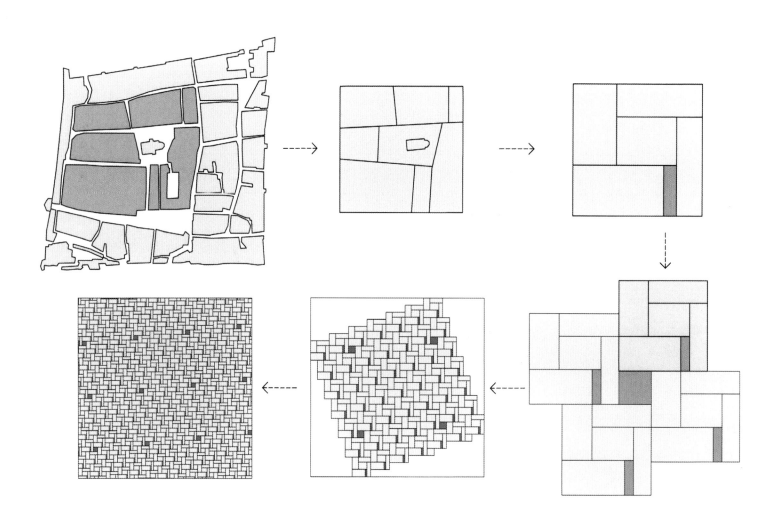

Übertragung der Stadtstruktur auf das Bodenmodul
Transformation of the grid to the pavement

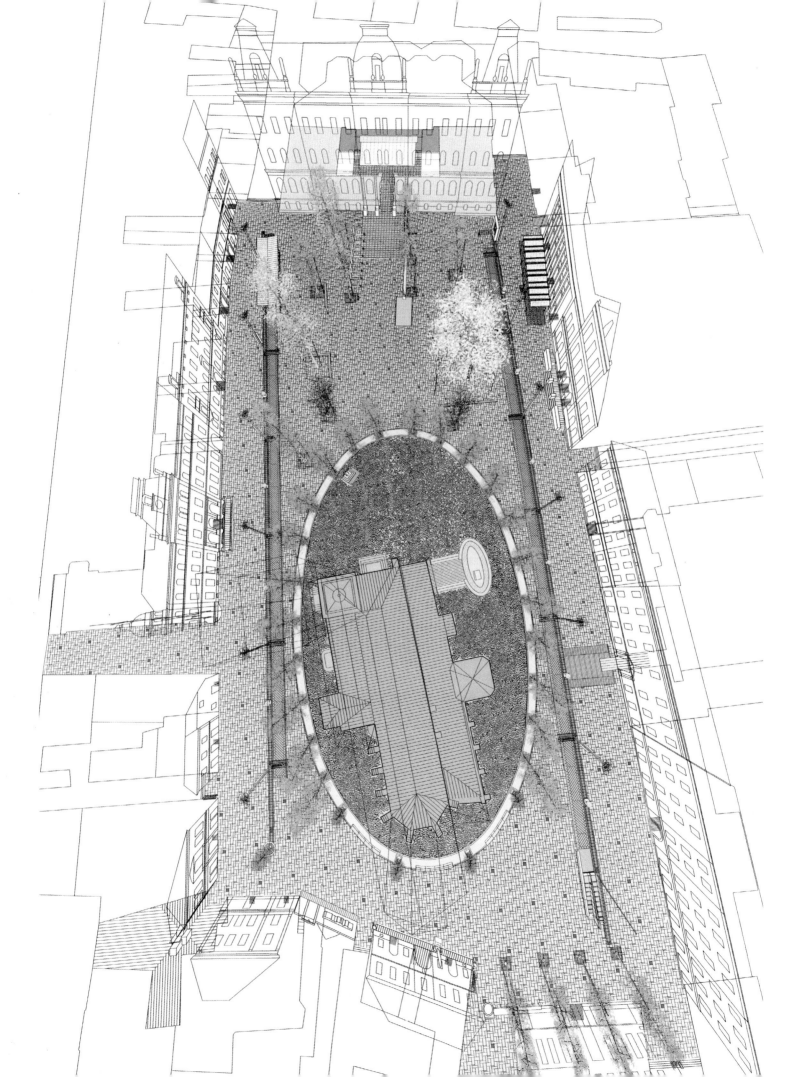

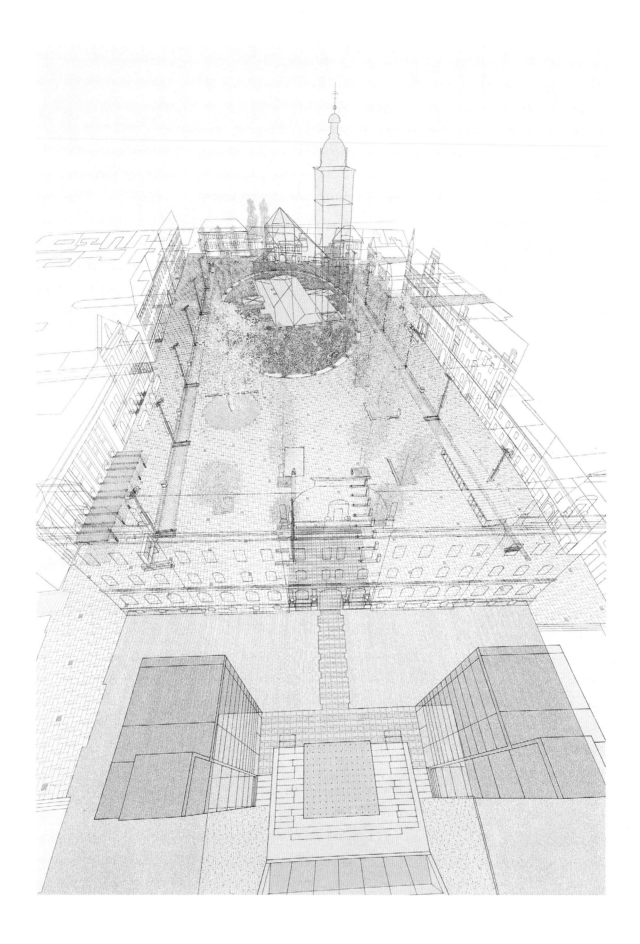

Innenhof des Universitätsgebäudes, Überdachung der Aula Magna
Remodeling of the university building, roof above the Aula Magna

VIA MAZZINI

VERONA, ITALIEN / ITALY
MIT / WITH D. LA MARRA
1995–1999

Der dicht gedrängte Fußgängerverkehr in den engen Altstadtgassen von Verona erlaubt bei deren Neugestaltung kein „Bild", sondern nur ein „Passpartout", das diese urbanen Aktivitäten rahmt. Die Via Mazzini ist die Haupteinkaufsstraße der Stadt und verbindet den Marktplatz mit der berühmten antiken Arena. Die ursprünglich im strengen orthongonalen Raster angelegten Straßenzüge der römischen Stadt wurden im Laufe der Jahrhunderte langen Nutzung abgeschliffen und ausgeweitet. So bilden sich in unregelmäßigen Abständen entlang der Via Mazzini – die dem antiken Decumanus folgt – Ausbuchtungen, die im neuen Entwurf als kleine, autonome Plätze interpretiert werden. Auch durch die anderen Gestaltungsmaßnahmen wird immer wieder Stadtgeschichte thematisiert: Ein runder Bronzebrunnen erinnert an die einst hier arbeitende städtische Gießerei, ein Bronzerelief im Boden erinnert an einer anderen Stelle an die römische Rasterstadt und an das von den Faschisten zerstörte jüdische Ghetto Veronas. In der Mitte der Straße laufen – in kurzen, geraden Stücken immer wieder gegeneinander verschwenkt und den Fassaden folgend – Steinrinnen oder „Canaletti", welche das Wasser der für Verona typischen kurzen Regengüsse rasch durch Steingitter in die darunter liegenden Kanäle ableiten. Durch die Verdopplung der Bodeneinläufe, die jeweils an den Enden der kurzen Rinnenstücke sitzen, wird auch eine Kapazitätserhöhung erreicht. Der gesamte Bodenbelag ist als „steinerner Teppich" interpretiert, dessen Material von den nahen Prun-Steinbrüchen stammt. Verwendet werden „Rosso Verona" und „Rosso Assagio" in einer Stärke von 20 Zentimeter, was den Charakter des Bodens als monolithisches Konstrukt ergibt.

The dense traffic in the pedestrian alleys of Verona create an impression more akin to a "photo mount" that frames this urban activity than an "image" of it. Via Mazzini is the main shopping street in the city and it connects the market square with the famous antique arena. The original strict orthogonal street grid of the Roman city was worn down and expanded over the course of the centuries. This creates irregular intervals along Via Mazzini – which follows the antique Decumanus, bulges that are seen as autonomous squares in the new design. The other design measures also use the city's history as a theme: a round bronze fountain reminds the visitor of the city foundry formerly located here. A bronze frieze on the ground in another spot memorializes the Roman grid of the city and the Jewish Ghetto of Verona that was destroyed by the Fascists. Stone gulleys, "Canaletti" that channel the water from typical Verona cloud bursts into the sewage system follow the facade's running along the middle of the street in short straight segments, converging and separating as they continue along the building line. Sewage capacity was increased by doubling the amount of water inlets at the end of the gulleys. The entire surface is interpreted as a "stone carpet" made with material from the Prun Quarry close. By 20-centimeter thick "Rosso Verona" and "Rosso Assagio" stones were used that give the surface its monolithic structural feel.

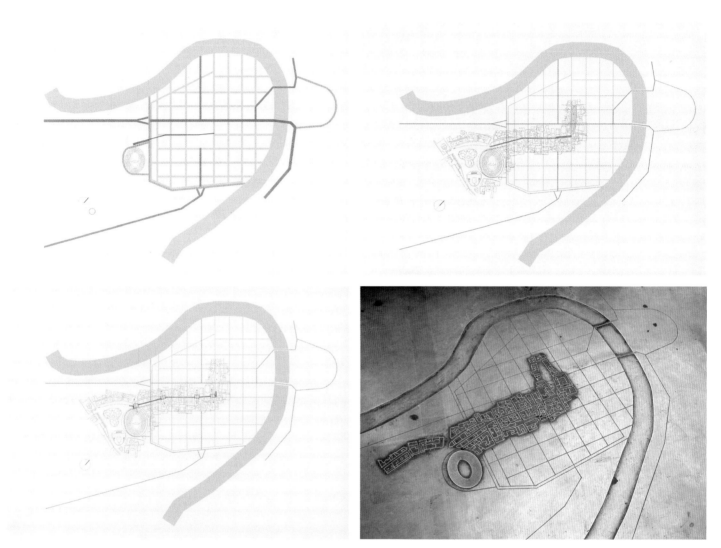

Historische Stadtstrukturen / *Historic urban grids*

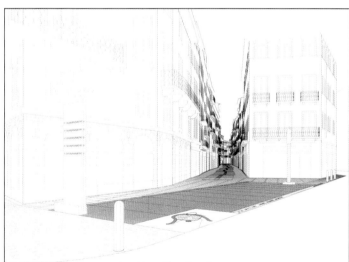

Straßen / *Streets*

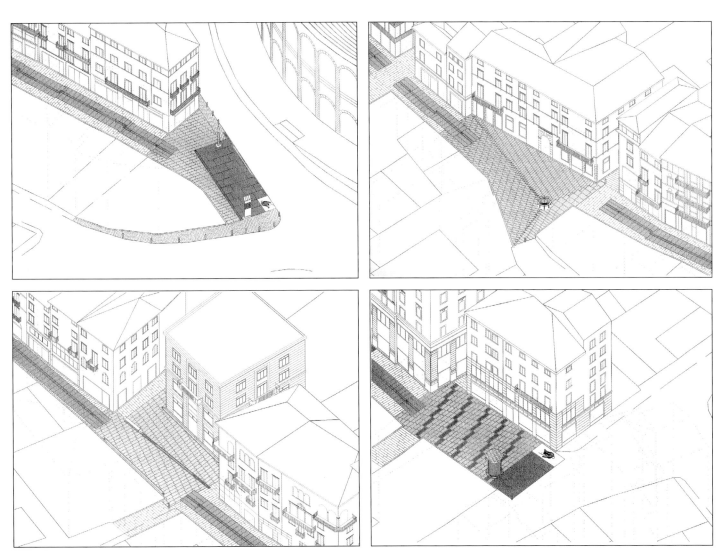

Piazzette

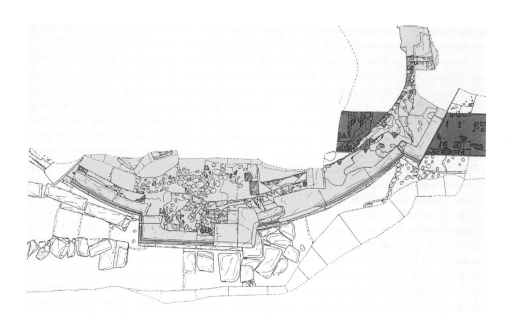

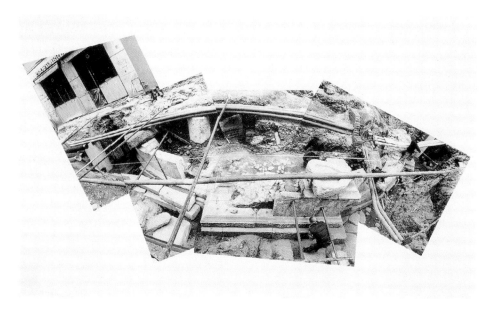

Römische Spolien unter der Via Mazzini
Roman remains under Via Mazzini

„Rosso Verona" aus den Prun-Steinbrüchen
"Rosso Verona" from the Prun Quarry

Canalette

PARCO DI
TEODORICO

RAVENNA
ITALIEN / ITALY
MIT / WITH STUDIO TEPRIN
1997–2000

Der Archäologiepark ermöglicht durch neue Bepflanzung und kleine Bauten eine verbesserte städtebauliche Situierung des berühmten Mausoleum Theoderichs am Rande der heutigen Stadt. Die angrenzende Einfamilienhaus-Bebauung wird ausgeblendet und mit gezielten Durchblicken in den neuen Wandelementen eine Blickregie auf das Monument geschaffen.

The archaeological park makes a better location possible for the famous Teodorico Mausoleum among new vegetation and smaller structures. The bordering single-family residential structures fade into the background and the new wall elements allow for targeted glances of the monument.

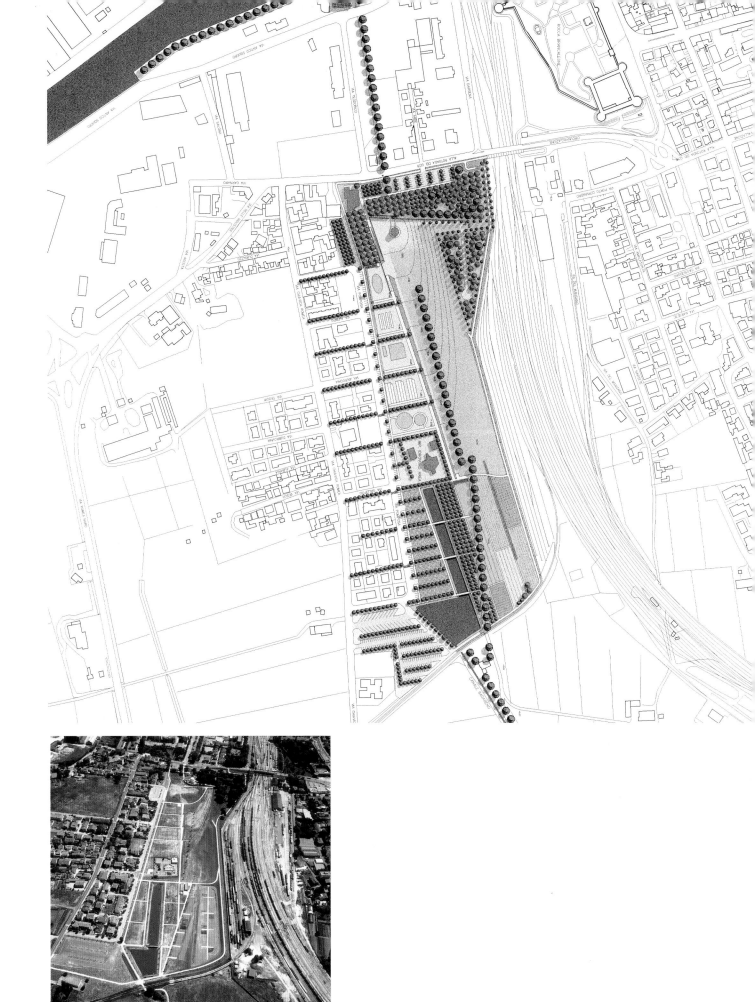

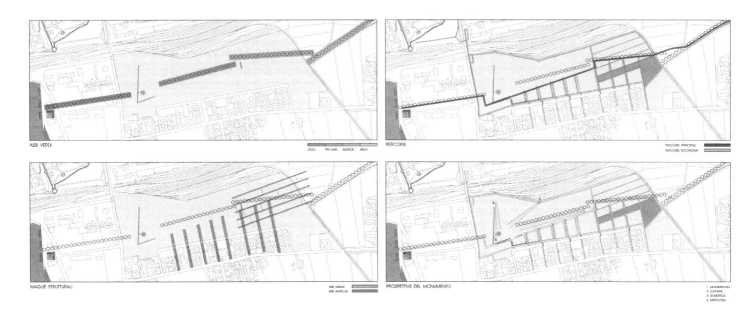

ASSI VERDI

PERCORSI

MAGLIE STRUTTURALI

PROSPETTIVE DEL MONUMENTO

Analysen zur Parkgestaltung / *Analyses for the park design*

Perspektivische Sequenzen / *Perspectives*

GRIESPLATZ

GRAZ
TEILREALISIERUNG
MIT / WITH G. EIBÖCK
1998–2001

Die Marktstände sowie die Bushaltestellen an einem der zentralen innerstädtischen Plätze von Graz sollten neu gestaltet werden. Die Marktstände wurden als gläsernes Pavillonsystem mit Flugdach auf einer Fläche vorgeschlagen, die vom Autoverkehr und der Straßenbahnlinie abgesetzt ist. Die geforderte Tiefgarage sollte durch Glasdecken teilweise mit Tageslicht versorgt werden, ein kleiner Turm die Anlage im Stadtraum visuell sichtbar machen.

The market stands and the bus stops of a central square in Graz needed to be re-designed. The suggestion was made to consolidate the stands in a system of pavilions under a canopy on a surface that lies behind the building line of the streetcar tracks. The required underground garage features glass ceiling panels that allow natural light to reach the parking levels. A small tower makes the facility visible within the urban space.

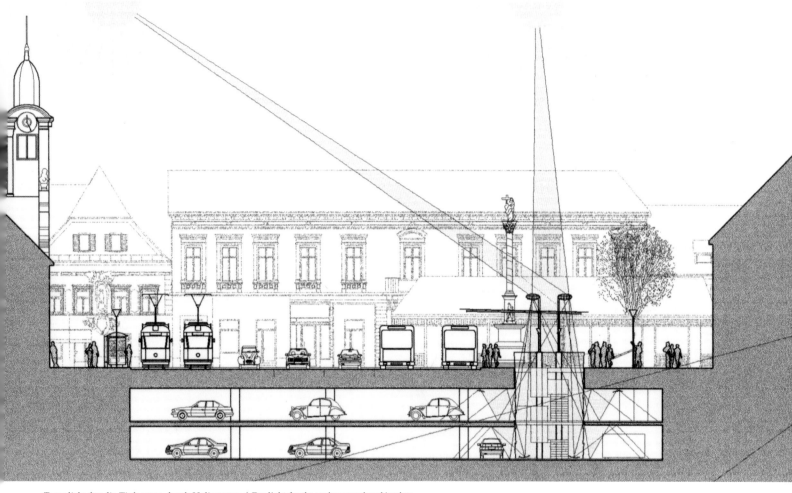

Tageslicht für die Tiefgarage durch Heliostaten / *Daylight for the underground parking lots*

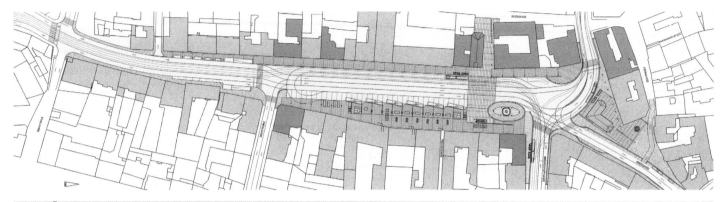

Marktstände und Informationsturm / *Market stands and information tower*

STROSSMAYER PARK

SPLIT
KROATIEN / CROATIA
MIT / WITH A. KUZMANIČ
1998–2002

Der Palast des römischen Kaisers Diokletian ist eines der bekanntesten Schulbeispiele für Adaption und Transformierung einer historischen Struktur durch spätere Nutzergenerationen. So wurde aus dem Palast ein Stadtteil, aus den Räumen Häuser. Entlang der Nordmauer wurde im 19. Jahrhundert ein Stadtpark angelegt, der zunehmend verkam und von Randgruppen okkupiert wurde. Ein steinernes Passpartout rahmt ihn neu. Darin ist ein großes Kiesfeld angelegt, in dem Grüninseln den erhaltenswerten Baumbestand säumen. Diese Inseln „restituieren" die von den Venezianern gefällten Wälder des damaltinischen Archipels. Die Terrassierung kann auch als Zuschauertribüne für Festivals genutzt werden, neue Angebote wie die steinernen Bänke sowie verbesserte und neugestaltete Funktionen wie Brunnen und Lichtmasten werten den Platz zusätzlich auf.

The palace of the Roman emperor Diocletian is one of the most famous examples of the adaptation and transformation of a historical structure by later generations of users. The palace became part of the city and the spaces became houses. A city park was set along the northern wall during the 19th century. It gradually went to seed and was occupied by radical groups. A frame of stones surrounds it now. The park now consists of a large bed of gravel lined with green areas and the trees that were worth preserving. The terraced segments can also be used as stands for festival audiences, while the stone benches and improved fountains and light masts enhance the park space.

Rekonstruktion des Diokletian-Palastes / *Reconstruction of Diocletian's palace*

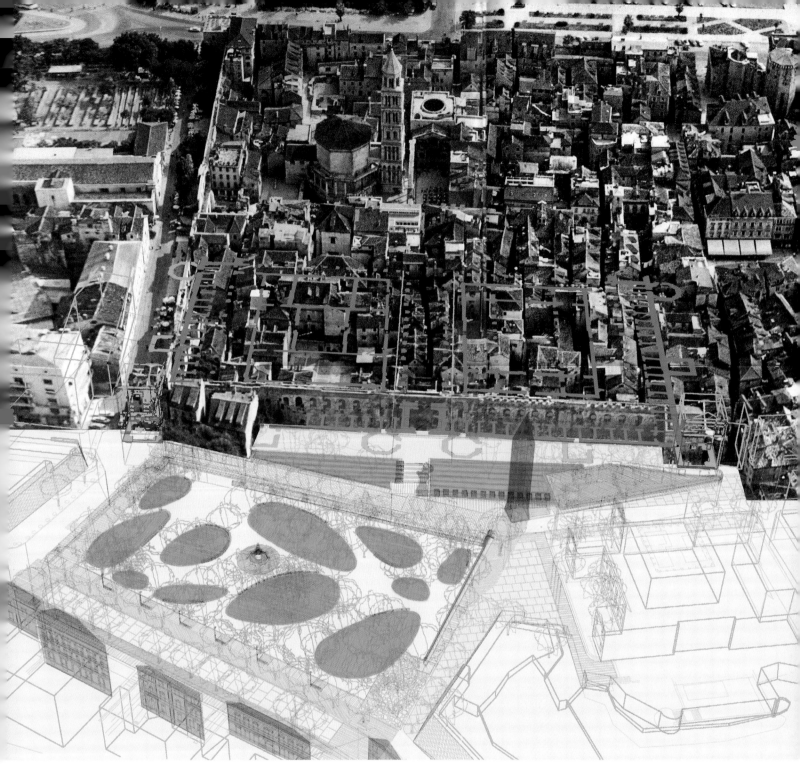

Neuer Platz und Park an der römischen Nordmauer / *New square and park design near the roman north wall*

Inselanalogie / *Island analogy*

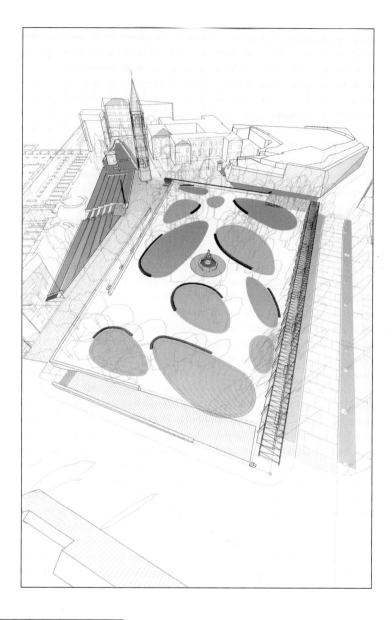

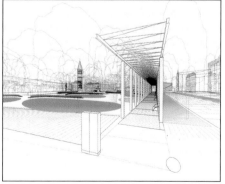

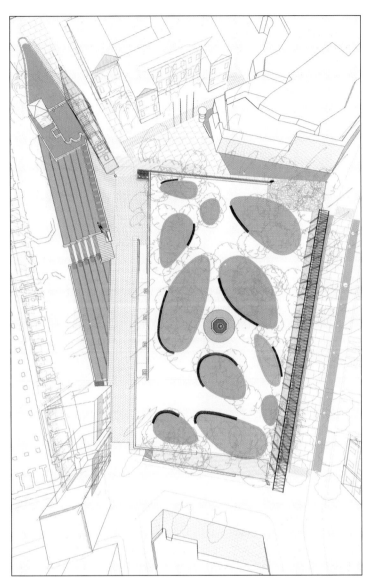

Windbrunnen / *Wind fountain*

PIAZZA UNITÀ

TRIEST / TRIESTE
ITALIEN / ITALY
WETTBEWERB / COMPETITION
1999

Die Struktur von Triest entstand aus der Transformation von Meerwasserfeldern, die zur Salzgewinnung durch Verdunstung genutzt wurden, zu einem homogenen Straßenraster. Die von der Kaiserin Maria Theresia gegründete Stadt diente als Hafen- und Handelsplatz vorwiegend lapidaren merkantilen Funktionen. Am Hauptplatz, der Piazza Unità, wurden die wichtigsten Institutionen angesiedelt: Der Lloyd, das Rathaus und andere bürgerliche Institutionen. Die Neugestaltung schlägt eine Interpretation im Sinne der traditionellen Stadtfunktion als Ausgangspunkt von See-Expeditionen vor: Eine große Rechtecksfläche, die im Strichcode-Muster der Stadtstruktur gegliedert ist, wird trampolinartig bis über die Wasserkante gezogen und verweist so auf den fernen Horizont. Der darüberführende Küstenstraßen-Verkehr wird beruhigt.

Trieste is structured on former seawater marshes from which salt was extracted via evaporation. These marshes were later transformed into a grid of homogenous streets. The city founded by Empress Maria Theresia served as a port and trading point for mainly mercantile functions. The most important institutions are located on Piazza Unità: Lloyd's, the city hall and other facilities. The re-design is an interpretation of the city's traditional function as the point of departure for maritime expeditions: a large rectangular surface that structures the city according to a barcode pattern. It extends trampoline-like to the edge of the water, facing the horizon. This has a calming effect on the traffic along the coastal road above.

Zum Horizont / *To the horizon*

Horizont-Thema bei / *Horizon theme in paintings by*
Caspar David Friedrich, Giorgio de Chirico

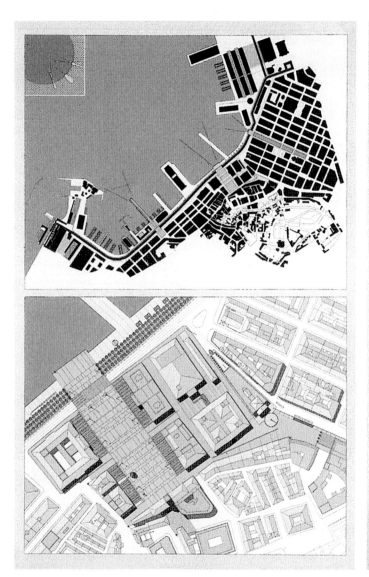

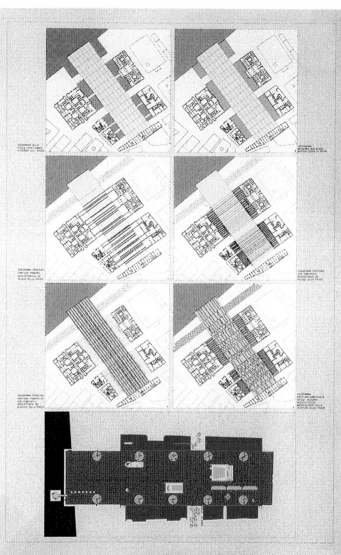

Achsenanalyse / *Analyses of axes*

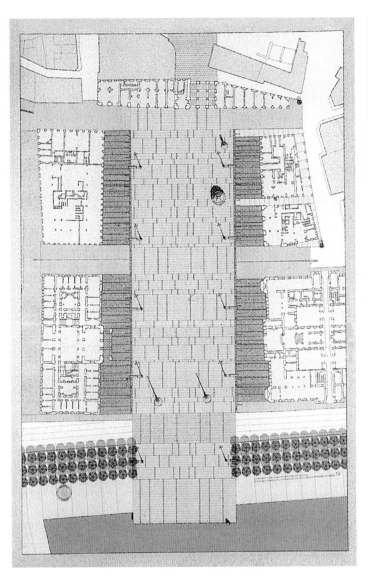
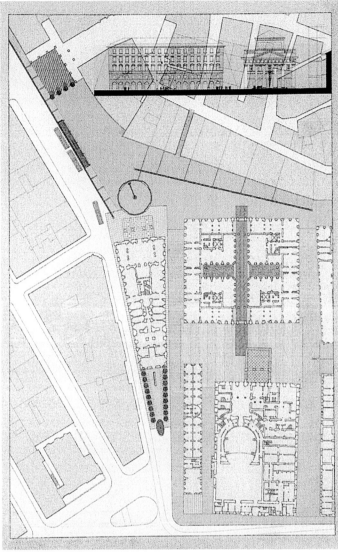

Platzmuster als Vernetzung verschiedenartiger Gebäudeachsen
Square patterns as a result of various axes

ALTMARKT

DRESDEN
DEUTSCHLAND / GERMANY
WETTBEWERB / COMPETITION
2001

Der Platz liegt in der Mitte der weitgehend zerstörten, teilrekonstruierten Altstadt mit großen Elementen der neuen „sozialistischen" Stadt. Die trostlose Autoabstellfläche soll zu einem grünen, vielschichtigen städtischen Milieu umgebaut werden. Die eigentliche Platzfläche wird gefaßt und an ihren Rändern gastronomische und Ausstellungs-Lokale errichtet.

The square lies along the border of the old, largely destroyed, partly reconstructed town center and the new "Socialist" city. The bleak car parking area should be rebuilt as a green, multi-layer urban part of town. The actual surface of the square will be framed and restaurants and exhibition facilities will be built along the edges of the square.

PLACE DES NATIONS

GENF / GENEVA
WETTBEWERB / COMPETITION
MIT / WITH
C. SCHMIDT-GINZKEY
2000

Einheit durch Unordnung, das ist die Entwurfs-strategie der Gestaltung eines an das Genfer UNO-Gebäude (den ehemaligen Völkerbund-palast) angrenzenden Stadtgebiets. Inseln mit verschiedenen Vegetationen, Stein und Wasser spielen innerhalb einer rahmenden Baum-En-fillade auf die Weltkulturen an, vier internatio-nal bekannte Künstler sollen Natur-Licht-Installationen schaffen. Gegenüber der UNO-Fassade birgt ein Stahl-Glas-Bau die alltäglichen Platz-Funktionen und grenzt den Platz gegen das umgebende Stadt-Grün ab.

Unify through disorder, that is the design strategy for a part of town that lies along the border of the UN building in Geneva (the former palace of the League of Nations). Green islands with varying vegetation within rows of trees are a reference to the different cultures within the building. Four internationally ac-claimed artists will create natural light instal-lations. A steel-glass façade across from the UN façade houses the everyday square utilities and marks the border to the surrounding green areas of the city.

Derzeitiger Zustand / *Present appearance*

Zederbaum-Rahmen für ethnische Inseln
Cedar tree frame for ethnic islands

REANIMATION – A CITY SQUARE RENAISSANCE?

Boris Podrecca in conversation with Matthias Boeckl

Why is the danger of losing "public" spaces being discussed?

The word "loss" has done a lot of damage. Just think of the whining tone of Verlust der Mitte (The Loss of the Middle) by Hans Sedlmayr or of the loss of "Civitas" Richard Sennett discusses. What we are discussing today is, if you want to put it that way, the "de-spatialization" of a traditional haptic location that functioned as a vessel of communication between singular and plural, between me and us. The telematic conversations that we have to do with today are basically location-free. The term "location" has been liquidated, it has become exchangeable. Hence the broad concept of a square that covered activities ranging from festivals to executions doesn't exist anymore. We live under the dictum of intimacy – that means screens on which we receive the entire world. This naturally leads to a loss of meaning for traditional meeting places. The unplanned, unexpected encounter can no longer take place. The communication systems we deal with today transcend physical space and have sounded its death knell.

But this shouldn't be seen as purely negative, because it also simultaneously opens a new dimension. The border between reality and the imagination, which was always a European cultural characteristic, has been dissolved. The virtual space becomes the purpose; this is leading to the abandonment of physical space. A parallel reality is perceived as the real reality. Whether this is an actual loss or just creates new conditions is another matter. My imagination is, in any case, still material. I like working to reduce the pathos of digital images and follow material reality. I try to create a factual city space despite the fascination exuded by the digital world.

Which uses make a space "public?"

The question really is whom we are actually building "public" spaces for. We know the phenomenon of city squares that are mainly used by minorities. We organize competitions and imagine public spaces with an interacting population, but they are under de facto occupation by minorities. So we actually perform social and ethnological duties as well.

The nervous system of the traditional public space in which many elements overlapped and new perspectives came cyclically doesn't really exist today anymore. Squares are used in a more one-dimensional manner today. There are no crossover phenomena anymore. The wellness society, which we have to consider ourselves part of, has no desire to stroll around in public anymore. They choose to move in chrome-

THE URBANITES: RICH IN MONEY AND STARVING FOR TIME

finished shops, where their bodies are disciplined and they can enjoy the "lifestyle" this offers. The maxims are peace, quiet, and relaxation, which is a denial of activity and even of perception. We build for a society that is rich in terms of money and poor in terms of time that reduces the experiencing of public spaces to a culture of entertainment and pleasure.

So entertainment with the prerequisite time budget, which people basically don't have anyway if they don't use these squares.

Public spaces as a problem is a modern development. Such problems aren't mentioned anywhere in the literature of the 1920's and 1930's. In fact, classical Modernism just didn't deal with this problem at all. For example: Otto Wagner envisioned perspectives of the Danube Canal without a single tree, as a beautiful stone desert that used public space to monumentalize machinery and other objects, which would be an untenable approach today. There is no sense of human dialogue in this public space. There are only a few sparse episodes, such as Leberecht Migge, the green Loos, who created fantastic spaces in 1910 and has longed deserved a monograph on his work.

URBAN CONSTRUCTION IS DEAD – BUT THE CITY RESISTS

So the problems and questions arise from post-modern de-urbanization?

Urbanism is dead as a subject. The last great Urbanites were in the Communist and Socialist countries. I was in Moscow recently and I can only say that I have never seen a city as well planned. Urbanism always came from the architecture in the eastern countries. This is different from our practice, in which architects completed the urban construction "on the side" so to speak, after designing the building. Today, Urbanism, city planning is dead. You build where there is space and the city is a mosaic of fragments and profitable locations that can earn a profit for investors. The city is still swayed by tendencies in one direction or the other, but the large-scale Urbanism idea that covers the city is no longer possible. The lost sense of Urbanism is partially replaced by concern for public spaces. The small remaining space between lucrative architecture forms is themed and discussed as a problems as an Ersatz for a clear line.

Can this process be influenced in any way?

I don't think so. The globalization of free-market economies, the neo-liberal course or the so-called New Economy are consolidated and so well ensconced in political thought today that the clear line or the planned city are no longer possible today. That isn't to say that the Chaos Theory has won, as the other extreme, but public life and communication under an open sky or in glass-encased air as a symbol of the good city doesn't take place in the usual areas anymore. It exists between the artifacts and narcissists of architecture that are sellable.

So public space has generated to a form of vicarious action?

That is the sobering conclusion. A reduction of city responsibility, since the city no longer has the potential to control the spaces. The city approves construction and demands ten percent for public spaces, which thus become the recipients of charities from investment and real estate groups.

But if I create city spaces, I am interested in the specific smells for example. I am interested in what I find and I won't react with a ready-made solution, I will deliver a custom-made suit. That mainly goes for a European city – we will discuss Asia and America later. I am primarily interested in the solidifying the specifics of a European or Central European city. I think it still has enough resistance and potential to let it be affected by ready-made considerations or the "Obolus-Esperanto."

Is there any real purpose in discussing "public" space instead of general urban space?

There are only very few non-profit groups left that really need public spaces. But it is a space that they cannot create or finance themselves. So the question is what can architecture do here, since it can't "legitimize" a public space for utilization. But it can't function without financial revenue in the background either. As an architect, I often look for projects that work as links within a public space per se. So, aside for the imposed requirements, I always seek to design objects – whether it is a sun dial, a well or a lighting device – that also possess a "public" quality, and not merely an economic virtue. Of course you have to generate profits, but you can plant these "viruses" in the urban landscape. We are conducting guerilla warfare to keep these traditional spaces alive somehow.

So a quality is delivered that wasn't actually ordered?

That is the way it is. It is a dichotomy, a two level approach, like Musil's parallel action – a parallel task an architect has to complete, or you are in Atlanta otherwise.

Which functions can the historical center of a city be used for today? Does it copy the functions of suburban malls and entertainment centers, which are derivatives of traditional city and market squares?

SMELLS AND SOUNDS

I think the cities I work in as an architect are still resisting. They are resilient enough to maintain public spaces. This isn't about the reconstruction of the traditional public space. Post-modernism gave us a great number of artificial reconstructions. I prefer using the term reanimation. However, this makes it necessary for the contents to correspond with real phenomena. If I design a well, for example, I want it to supply water, but I also want it to be a symbol of unification and purification. Purification of a public space should be possible, a cleansing object in terms of construction and form. I want it to be a triad instrument that also delivers acoustics, sound. Petrarca wrote about the smell and sounds of a square, for example and found these immaterial things important. I also want the well to serve as a skating surface in winter and the young people to ride their boards on the cascades. That isn't a reconstruction of the well; it is a reanimation of the concept of a well. I try to move with this strategy and I think that public spaces can still be created that way.

Can success be measured? These projects aim to stimulate people to perceive traditional city qualities and then demand them.

It can be measured, absolutely. Two examples, the first is my most recent square: The population, which only thinks in terms of consumption, initially rejected my square in Piran. Others who don't consider the city their own replaced the original Italian inhabitants; it is more of an opportunity for profits. I would have been chased out of there if I had started with nautical shapes, the ellipse, curved axes and similar things. I was only able to build my square because of one man, who is a landmark preservationist and the mayor. But the minute the square was finished and provided a stage, a tableau and plateau for events a place for the city to present itself on, it was immediately accepted and everybody was happy. The second example is Leoben, a city that had lost its formerly great industry. The mayor was skeptical, why spend millions on the redesign of a square if you could build schools and other things for the same money? Now he always mentions the square first in all of his speeches because people come out to stroll again. He won the last elections with 62% of the votes, more than he had received last election. Architecture is also politics and public spaces are ultimately political spaces, not merely pleasant spaces. But a mayor would be dumb if he were to start designing squares in the last year of his term in office. So he can't win, if he is elected for four years, he has to think for one, commission construction in the second and then everything will be done by the fourth. Then the square is accepted and people begin to suggest ideas for the use of the space. They don't know in advance, we do. The most dangerous people aren't the workers or craftsmen, who I work wonderfully with, or the many trained, knowledgeable people. The most dangerous are the half and poorly educated. They have been the greatest obstacles in my experience.

So these examples demonstrate that reanimation and repair work instead of reconstruction. These terms have a close pragmatic relation in design. A completely new phenomenon can be observed in the USA with regard to what the historical center of a city can absorb. It was completely new to me and I discussed it with a sociologist there. Large industrial groups are no longer dissolving city centers and moving them to the outskirts. They are coming back into town instead. Investors have realized that enormous profits can be made with a historical city center in a time in which "history" and lifestyle are in demand. Rental fees have jumped to between four and eight times the rates three to four years ago. But the variety of European cities and the apotheosis of ground floors are declining. Suddenly we have to act defensively and ask investors to stay on the periphery.

How can the relation between interior and exterior spaces be defined in contemporary square design? How much influence can the weather have on the inhabitants of a city today? I am also thinking of artificial interior spaces such as the Venetian in Las Vegas, where an entire city was built in a climate-controlled environment?

THE DESIRE FOR LIGHT – JAMES JOYCE INSTEAD OF CLAUDIO MAGRIS

That is an important question that has to do with the concept of urban comfort. In Vienna, I tried to create an urban space (maybe too early) close Praterstern (p. 220) that followed a sequence – open space, under a roof, the half-thermal and thermal space. If you walk through the city, you experience thermal sequences – natural air and conditioned air. This phenomenon has to be designed. The southern, Mediterranean space is being internalized. The wonderful baroque city of Lecce, the city with the prettiest Corso and where Italy's most beautiful women marry is being internalized. Promenading is already a tourist attraction in Split and Dubrovnik. Things are entirely different in the north: Zurich was an extremely boring and placid city until now. But the young people live in the large interior courtyards, public spaces have begun to generate sound again. A new Mediterranean sense has developed there. And the best pergola I have ever seen was in Helsinki, next to the design center. Naturally this is due to a desire to see the sun, which doesn't shine there for seven months every year.

So a shift can be observed across Europe, the sunny southern areas are being increasingly internalized and brought into the shadow while the northern areas are becoming more and more Mediterranean. This cultural geography is an important phenomenon for me when I design spaces. We also need devices in public spaces, lights, illumination, capstans, etc. Scandinavian design was the leader in the field of city spaces until now if you just think of the lighting components. But Le Corbusier didn't make lighting elements. It wasn't a theme in the south and did not become a problem.

Trieste, where I come form, has a public space that is very rigid and canonized. Streets were paved over the former salt-water marshes. Maria Theresia and the Austrian engineers did so pragmatically and without any sense of aesthetics. This public space is rather stark and gray, which I like, like a flannel suit that doesn't need a particularly colorful tie. The houses are canonized in a form of neo-Classicism that actually holds the city together. But inside, in the belly of the houses, lies an explosion of color, intarsia patterns and incrustations. This tension barely exists in public spaces anymore. The interior of a house, store or market hall is the same as the space on a street. I try to create a custom-made like the one I created for Trieste for every city. Even Venice is completely different to Trieste – it is only 100 kilometers away. What is in the belly of Trieste is outside in Venice, which can be seen as a richly jeweled lady. I try to keep these differences alive and not dissolve what time will dissolve anyway when I design cities.

Are your square designs specifically European or could they also be located in Asia or America?

It is hard to categorize me with one uniform image since I speak seven languages and a few dialects as well and grew up in various cultures. I love Romance culture with its suns and shadows or the Byzantine-Slavic culture with alabaster, onyx and translucence. But I also love the discipline of German-language thought with its exaggerated intellectualization and false linguistic charm. Varied shapes result from this kind of Minestrone. I can't reduce myself to elegant Minimalism or become a clean Protestant. I always bear the weight of my variety and its isn't easy to tame galloping horses. I plan these squares and streets in a narrow cultural space. In this space, I try to liberate the project from the regional shackles, while stabilizing them in a broader context.

I am wary of a multicultural understanding such as that used by Claudio Magris. I prefer James Joyce, who created a wonderful example with Ulysses. It is a structure, a city – but it can be entered or left at any time and at any place. Joyce and Italo Svevo are great Central Europeans for me. They always dreamed of sailing beyond the horizon and maybe returning as rich men. They did not practice on-site multiculturalism. That is analogous with my strategy in terms of designing squares and streets. Things would be different if I were condemned to non-European spaces. I don't want to engage in polemics, but I face the problems that all general theories are of little help in my space. Phenomena such as the shifting of the city in Lagos or keywords such as Multiplicity, Mutations und Hybridization and the many little Rem Koolhaases you find anywhere from Holland to Zagreb and from Belgium to Belgrade and Lljubjana are all the same type of utopias as those of Le Corbusier. They are charming theories, analytically precise and I like that. But young people who have to design something in their own city are lost with these theories; they cannot create anything of substance with them.

Let's talk about materials …

We are doomed to walk, we can't fly like Icarus and Daedalus. But we walk on this European asphalt with our newly acquired Italian loafers. Attempts are being made to correct this discrepancy in public spaces: When the possibility exists, we reach for stones. But in practice, we experience standardization; we have to wear the same clothes everywhere, because only few materials can be found in city textures that are able to show the specifics of a place. Before, it was common to use granite in Scandinavian cities and Loos used Labrador for Knize – Swedish granite. These are examples of the beautiful monochromatic northern world, while things were poly-chromatic in the south. Intarsia patterns were used, incrustations, sundials and other instruments were set on the ground. Signs of the times such as dirt and the standards prescribed by Brussels, the required joints and the entire norm discussion basically force me to use granite. If I want to guarantee a good surface for the city, I am damned to monochromatic solutions. There are hardly any types of polychromatic granite, unless I use Brazilian Bahia Blue, which is more expensive than gold. So I am once again in the middle of a guerilla war. I look for something among the hard limestone or in Italy where sanguinity is on the streets and everything is less gray, so I find Rosso di Roma, Rosso Assiago, Rosso Brun. But is all also a matter of resilience, be-cause I have noticed time and again that derivatives, that aren't granite suffer damages over time, even on the squares I design. And suddenly you are on the gray side in the Central European or Mediterranean world again. So I keep looking and find won-derful stones in India and experience globalization: ten centimeters of grass are scraped off and there's the stone, reddish granite. The blocks of granite make it to Rotterdam via Hong Kong, the respective mafia and 200 ships. They are delivered in containers to Verona via the Brenner Pass, before being cut, sawed and textured. And then they are sent back to a maharajah in India or to a sheik in Dubai. This migration of material is cheaper on the market today than taking a car and buying Margareten or Sollenhofen stone close to my home. It is a matter of ethics if I use a stone from India or not. An alterntive is to choose something artificial and I lean towards cement and derivatives more lately to save the polychromatic aspects of squares. We are moving on a thin li-ne here.

Does the ability to feel fade if there is no tactile or visual experience?

Is that question designed to measure the value of experiencing speed against the texture of a stone? The Loos question surfaces again: what is more important to an architect, a kilo of gold or a kilo of stones? Those are the parameters we are dealing with. Without any self-pity, I can say that I often feel like the last of the Mohicans who deals with rhythm, counterpoints, smooth and coarse surfaces. I know the user sees it as collateral damage, but it is actually a collateral use. The question arises: does the cultural geographical strategy I apply have a future or is it a dinosaur.

That is a pessimistic perspective. Don't you think that the senses and perception can be re-stimulated and developed?

That is basically my project: reanimation instead of reconstruction. What I miss in public spaces, which have so many images and copies, is the background, depth and what I call weights. There are innumerable examples of traditional cities that have them. We are discussing the qualities and feasibility of public spaces, but square design isn't taught anywhere. We have territorial politics and large-scale Urbanism. The Ruhrgebiet, for example, how can we transform the ruined Thyssen and Krupp industries into a park of the senses? Residential project construction is taught as well as architecture, structural engineering and style, but what about the soft bodies of the city in between, the feminine aspects on the epic field of a city? This type of public space is not discussed. They were always left to painters, sculptors and merchants.

INSTINCTIVE AND ANIMALISTIC **What role do citizens play in the planning process?**

I consider all attempts to allow open citizen participation and planning absolutely harmful and useless. In the end, what comes out is the famous sentence by Karl Kraus: long live the same injustices for all! Basically, architecture is an intelligent compromise. That makes architecture different to art. The painter who stands in front of his white canvas without burping and want to change the world without being a pyromaniac is a rogue. But an architect who is a pyromaniac is an idiot. He has to be a pyromaniac and fireman at the same time, Don Quixote and Sancho Pansa. I can't be an artist as an architect. That is cheap politics and untrue. I deal with citizen participation in the following manner: I look at things; I talk and inform myself, but not too much, because too much knowledge about a place can also be harmful. The objective is to develop and instinctive and animalistic knowledge of the place or let it be, because it is difficult to analyze thoroughly. After this phase of feeling, I try to propagate my first idea among those responsible. After all, the person paying generally wants to be convinced. Then the resulting concept is consolidated and then you go to the public and begin a discussion of an already finalized concept. Those of us involved in planning have to supply this basic framework. There are exceptions, such as a historian's objection to a major element that isn't necessary if the city has no history and was the result of coincidences, for example.

Citizen participation isn't a criterion for the acceptance or success of a project?

No, it is about knowledge, more or less. The citizen sitting next to us can't imagine the happy end of a square. He simply lacks the necessary parameters, even if he was in Tuscany. Since his information isn't as far-reaching as the planner's, he can't make the same contribution to the design of a public space.

Maybe there isn't such great demand for participation in public space planning?

The first question that a citizen asks me that has nothing to do with aesthetics, ethics or improvements always concerns the loss of a parking spot. Naturally this is an existential concern, but it is extremely egocentric. And things generally continue at that level. The public garage is 28 steps further away than his usual spot, for instance, and that is a major loss of quality for him. The citizen can't imagine what he is getting instead of this minor loss. The main square in Leoben was dead, for example. You couldn't earn anything there anymore. An Italian restaurant made Euro 145,000 in turnover, the day it opened there. The square is booming. Even a café on the last floor of a building on the square is prospering. People have to b convinced and we have to plant the virus of quality slowly. The greatest obstacle in town design is early acceptance.

In Styria, where you have already completed a number of squares, the phenomenon seems to be spreading and it seems that one city learns from the other.

We used to go to Italy to learn how to design squares best. By now, we are being called to Italy because the Italians don't make squares themselves anymore. The squares that were designed were considered bourgeois at universities and not taught for a long time. Scarpa taught drawing, not architecture in Venice. And we do more design work in northern Italy than in Austria, Germany, Slovenia or Croatia. This is in keeping with our network-defined times in which nothing is abroad and nothing is at home anymore. Everything has become common ground now, and this type of migration is part of it as well.

Does the "European": city still exist and what will happen to it?

Fortunately, there is a counter movement developing as globalization and ready-made solutions continue to proliferate. As an architect, I try to accentuate differences. Differences interest me more than common denominators. The strategy of differences is more enticing to me than the common things. The latter is prescribed, whether I like it or not. Are there still local colors and identity bearers that can be used in a special way for a specific place? I try to pursue this strategy since I still think European urban spaces are resilient in a way I can't find in Atlanta or Tokyo. I try to steer a course against the loss of local color and density in European urban spaces, but I cannot judge whether it is reactionary, something for the future or contemporary.

Are you critizized for that?

No it doesn't mean that, but the accusation is made in the background that I am eager to show too much. The search for identity bearers can be interpreted in a number of ways, there is no simplification. I have to slow down on one hand, but I have to finish telling my story on the other. A saying claims that a good horse always kicks up a lot of dust. I find it impossible no to kick up any dust. I can't settle down and become a synchronized image, it would be too seasonal. I have to think about the present and make sure my spaces are still resilient enough in twenty or thirty years.

BAHNHOFS-VORPLATZ

TRAIN STATION FORECOURT
KREMS
ÖSTERREICH / AUSTRIA
WETTBEWERB / COMPETITION
MIT / WITH MICHELANGELO
PISTOLETTO
1995–2004

Der Bahnhofsvorplatz erhält ein neues Flugdach für den Warte- und Umsteigebereich, neue Lichtmasten sowie ein großes Objekt des bekannten italienischen Künstlers Michelangelo Pistoletto. Dieses Objekt ist gleichzeitig Wahrzeichen und Treffpunkt, Raumteiler und Fluchtpunkt. Die Austauschfunktion der Bahnhofshalle wird so auf den Vorplatz erweitert und künstlerisch anspruchsvoll gestaltet.

The train station forecourt was given a new canopy over the waiting and transit area as well as new light masts and a large object by the famous Italian artist Michelangelo Pistoletto. This object is a landmark, meeting place, divider and refuge. This extends the transit function of the train station hall and accentuates it with an artistically sophisticated solution.

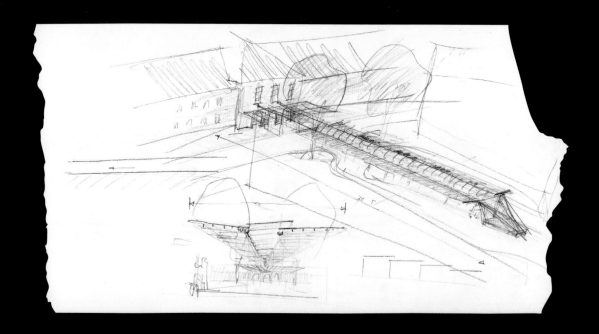

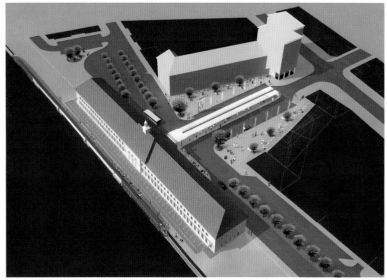

Trägerobjekt von / *Sculpture support by* Michelangelo Pistoletto
Aus der Bevölkerung vorgeschlagene Symbolbilder / *Icons proposed by the public*

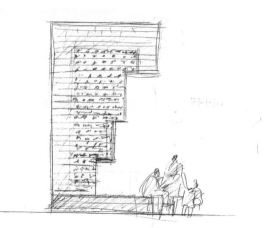

Boris Podrecca Skizze / *Sketch*

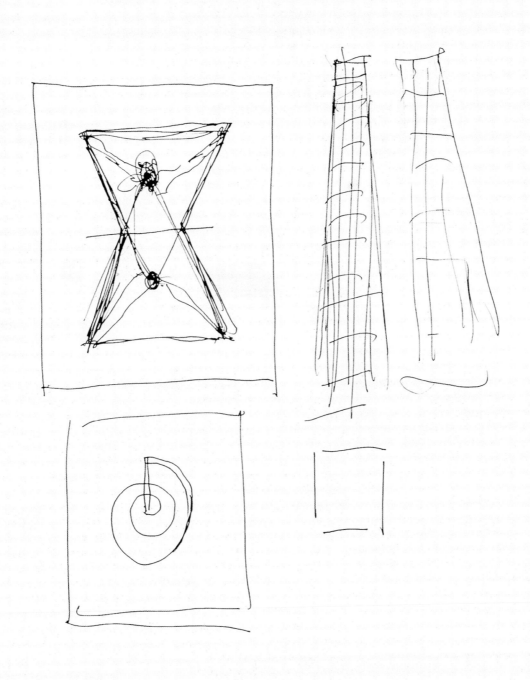

Michelangelo Pistoletto, Symbole, Skizze / *Symbols, sketches,* 1996

MARKTPLATZ

MARKET SQUARE
OTTENSHEIM
ÖSTERREICH / AUSTRIA
2000–2002

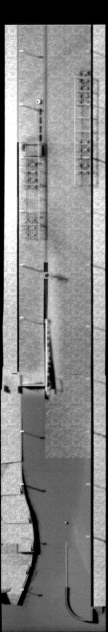

Der Marktplatz fällt steil zur Donau hin ab. Neben der Oberflächengestaltung war auch eine Garageneinfahrt so zu gestalten, dass sie nicht zum dominierenden Motiv des Platzes wird. Sie wurde an der steilsten Stelle situiert und als Sockelgeschoß für eine Pergola interpretiert. Die Pergola schließt gleichzeitig auch eine Kaskade ab, die den Platz in Längsrichtung begleitet. Unterhalb der Garageneinfahrt leiten die Pflasterung und eine Reihe Sitzbänke zum Flußufer über. Die großen Freiflächen des Platzes sind als Teppiche ausgewiesen und bieten auf Inseln Platz für Gasthausgärten.

The market square is on a steep incline that drops towards the Danube. A new design for the market area and a garage driveway that would not be the dominating motif of the square were required. The driveway is located on the steepest part of the site and re-interpreted as the base of a pergola. The pergola also marks the end of a cascade that flows along the length of the square. The pavement and a number of benches under the garage lead the way to the shore of the river. The large open spaces on the square are shaped as carpets that offer islands of space for café gardens.

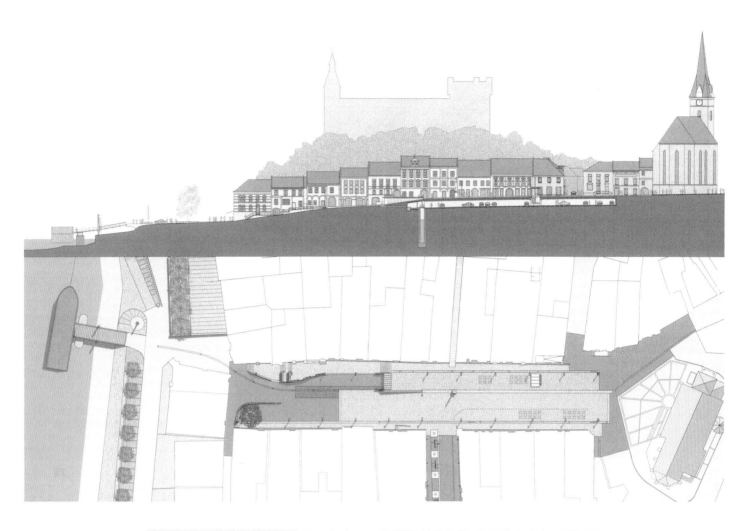

Brunnenkaskade und Abtreppung zur Donau
Cascade fountain and stairs to the Danube

Pergola über Garageneinfahrt / *Pergola on top of garage entry*

MOTTA DI LIVENZA

ITALIEN / ITALY
MIT / WITH M. ZORDAN UND /
AND A. VESENTINI
2002

Die Hauptplätze von Motta di Livenza, einer kleinen Stadt in der Provinz Treviso nördlich von Venedig, bilden gemeinsam einen offenen Raum und gruppieren sich um einen zentralen, dreiecksförmigen Platz, in den verkehrsberuhigte Stadträume münden. Das Gestaltungsprogramm sah neue Texturen und Stadtmöbel, aber auch zahlreiche plastische Akzentuierungen vor. Für den zentralen Platz wurde eine raue Oberfläche gewählt, die im Regen einen dunklen, eleganten Glanz entfaltet. Eine Pergola mit Sitzbänken und ein großer Brunnen mit einer Darstellung des Stadtplans hinter hervorschießenden Wasserstrahlen schließen diesen Platz ab. Die Einmündung einer Fußgänger-Seitenstraße wurde durch Pfeiler markiert, der Boden mit flächenbündigen Glasimplantaten akzentuiert. Die Skulptur stammt von Jakov Brdar.

The main squares of Motta di Livenza, a small city in the province of Treviso north of Venice create a common open surface surrounding a central, triangular space with reduced traffic flowing along the neighboring urban areas. The design brief included new surfaces and furniture such as stone benches as well as a number of sculpted objects. A smooth surface was chosen for the central square that develops a dark, elegant gloss in the rain. A pergola with benches and a fountain with a map of the city concealed behind the water jets complete the square area. The opening of a pedestrian side street is marked with pillars and flush-mounted spotlights accentuate the ground.

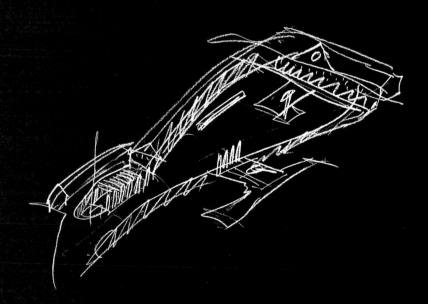

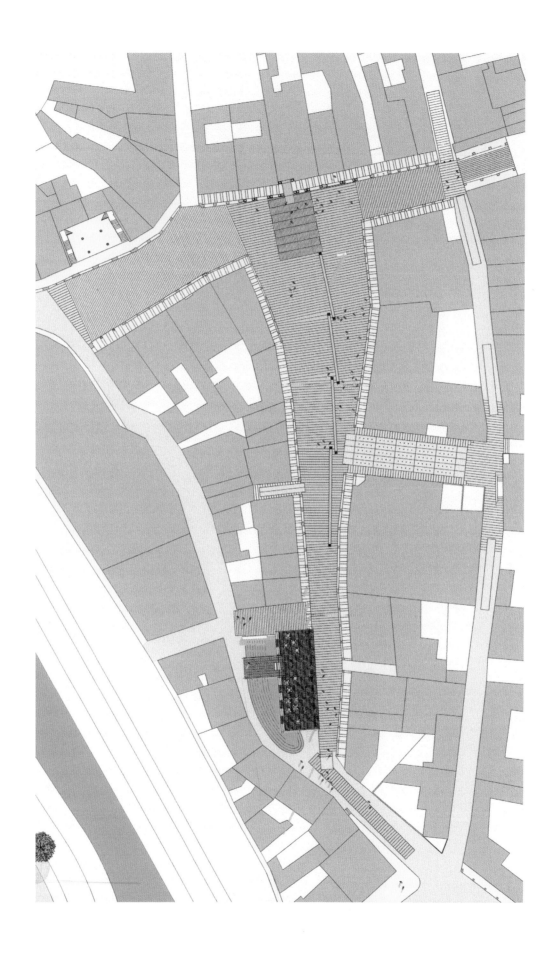

Plastik von / *Sculpture by Jakov Brdar*

Neue Stadtpergola / *New city pergola*

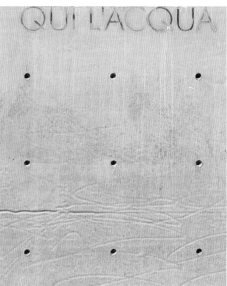

MUSEUMSINSEL

MUSEUM ISLAND
BERLIN
WETTBEWERB / COMPETITION
2002

Die seit 1830 im Bannkreis des Berliner Stadt-schlosses sukzessive errichteten staatlichen Museumsbauten der preußischen Hauptstadt bilden eine unvergleichliche Konzentration kul-tureller Energien. Nach der Revitalisierung der meisten Bauten werden nun die Zwischenräume gestaltet. Im Gegensatz zum Siegerprojekt von Levin Monsigny wird hier ein kleinteiliger Bodenbelag (Bernburger Mosaik) vorgeschlagen, um die Vielfalt der historischen Museumsbauten optisch zusammenzufassen. In diesem Feld sind lineare Gehfelder in Form von Steinteppichen angelegt, die aus alten Berliner Granitplatten bestehen. An neuen Einrichtungen wird eine kleine Aufenthaltspiazzetta mit angrenzender Brunnenanlage, ein gläsernes Terrassen-Café, ein Glaskörper unter dem Stadtbahnviadukt so-wie eine Fußgeherbrücke zum Kupfergraben vorgeschlagen. Besonders wird die Kante der Insel zur Spree hin betont, durch begleitende Säuleneichen-Bepflanzung, das Terrassencafé und Sitzbänke. Die Beleuchtung hebt besonders die Gebäudekanten der alten Museumsbauten hervor. An der Nordspitze der Insel wird eine Licht-Wasser-Säule vorgeschlagen.

The state museum structures built close to the Berlin Stadtschloss since 1830 represent and in-comparable concentration of cultural energy in the former capital of Prussia. The spaces in bet-ween the re-vitalized buildings are being re-de-signed now. In contrast to the winning project by Levin Monsigny a small stone ground sur-face was chosen here (Bernburger Mosaic) to consolidate the variety of historical museum structures. Linear walking spaces are set in form of stone carpets in this section of the facility. The stones were taken from slabs of old Berlin granite. The suggested new facilities include a small Piazza with a bordering fountain, a glass terrace café, a glass body under the city rail viaduct and a pedestrian bridge leading to Kup-fergraben. The edge of the island facing the Spree will be given special emphasis with ac-companying oak vegetation along the terrace café and benches. The lighting stresses the edges of the museum buildings and a light-water column was suggested for the northern tip of the island.

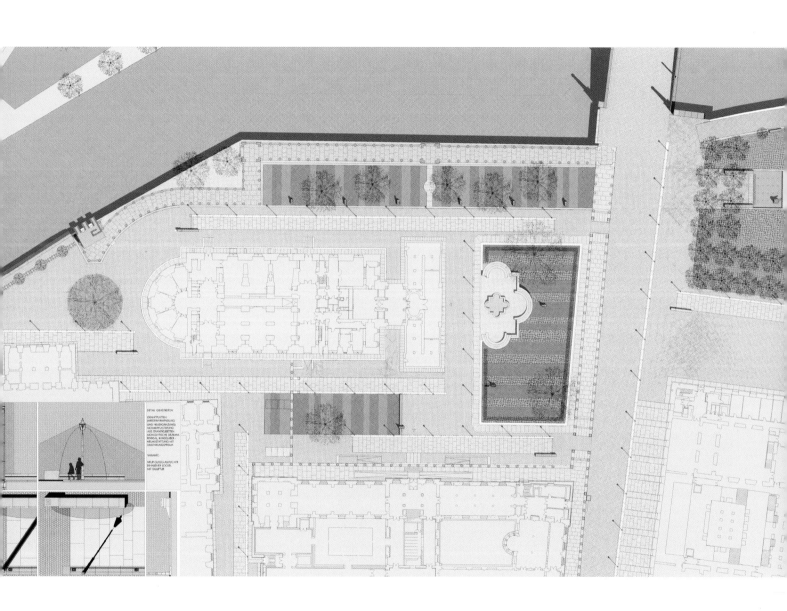

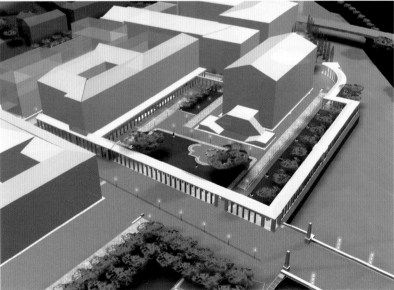

STUTTGART 21

STUTTGART
DEUTSCHLAND / GERMANY
PLANUNG / PLANNING
MIT / WITH G. LUCKNER
2001–2002

Die Freiflächen des neuen Stadtteils hinter dem Bahnofsareal werden in diesem Projekt neu gestaltet. Dafür wird eine grundsätzlich dichtotomische Struktur angelegt: Alte Straßenzüge, die von den Weinberghügeln herunterführen, werden polychrom gestaltet und so als naturnähere Aufenthaltsräume interpretiert. Die breiten Stadtboulevards hingegen, welche die alten und neuen Stadtteile verbinden, verbleiben in ihrer traditionell monochromen Erscheinung. Am neu entstehenden Pariser Platz werden diese Achsen durch ein dritte, autonome Platzgestaltung mit den nötigen Infrastruktureinrichtungen miteinander verbunden.

A re-design is planned for the open surfaces of the new area of town in this project. A basically dichotomous structure was put in place for this purpose: old streets leading down from the wine growing hills are designed as polychromatic sites giving them an air of natural or near to nature waiting areas. The wide city boulevards that connect the old and new sections of the city will keep their traditional monochromatic appearance. These axes are linked at the re-designed Pariser Platz and given the necessary infrastructure by a separate autonomous square design.

Lageplan / *Site location*

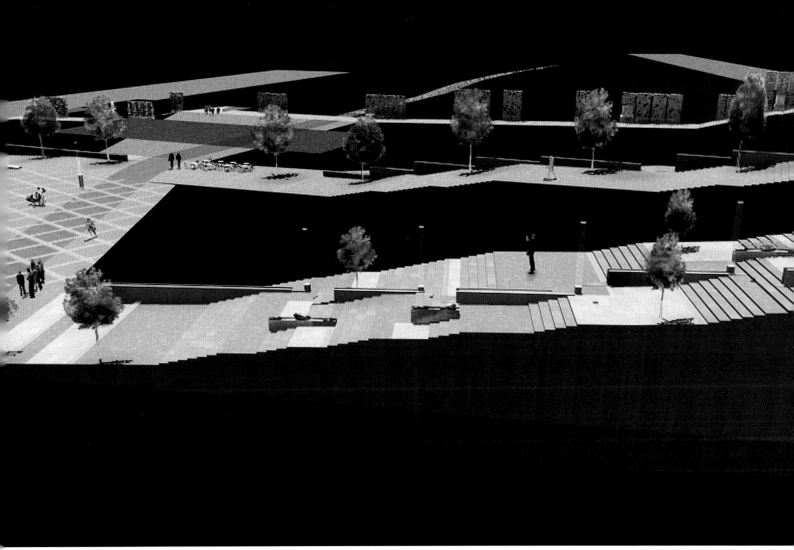

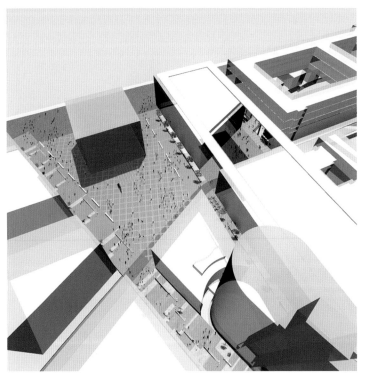

BAHNHOFSVOR-PLATZ GIESING

MÜNCHEN / MUNICH
PROJEKT / PROJECT
2003

Drei Funktionen sind auf diesem 450 Meter langen Bahnhofsvorbereich angesiedelt: Autobushaltestelle, freier Platz und Wohnpark. Diese drei Bereiche werden in unterschiedlichen Texturen und Bauten ausgestattet. Der Verkehrsplatz mit der Bushaltestelle um die Verteilungsinsel erhält einen schirmartigen Pavillon aus ETFE-Folien. Mittels verglastem Lift, Ticketschalter und Kiosk werden hier die ober- und unterirdischen Verkehrsströme miteinander verwoben. Der urbane Platz soll hingegen mit Objekten wie Brunnen, Kinderspielgeräten, Freilichtbühne und doppelte Baumreihen gegliedert werden. Im Wohnpark wird ein Grünkonzept vorgeschlagen, das dem Bild von Villen im Landschaftsgarten nachempfunden ist. Unregelmäßige Pflanzungen wie in einem Tarnmuster oder einem grünen Teppich schaffen den nötigen Kontrast zum städtischen Platz.

Three functional purposes are enclosed in this 450 meter-long railway yard: a bus stop, free space and a residential park. These three areas are given varying textures and structures. The traffic area and the bus stop feature an umbrella-like pavilion made of ETFE foil. The upper and lower streams of traffic are connected via the glass elevator, ticket counter and kiosk. The urban square contrasts with the other areas with objects such as fountains, playthings, an open-air stage and double rows of trees. A green area concept was suggested for the residential segment that emulates the images of villas in landscaped gardens. Irregular vegetation set in the manner of a camouflage pattern creates the necessary contrast to the urban area.

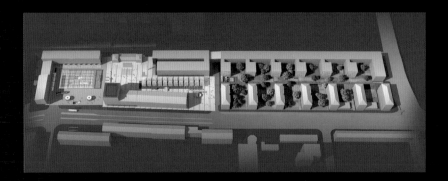

Pavillon am Verkehrsplatz
Traffic distributor pavilion

Urbaner Platz / *Urban square*

MAKARTPLATZ

Der Makartplatz ist der zentrale Platz der Altstadt Salzburgs jenseits der Salzach, gegenüber dem Dom- und Festspielbezirk. Seine großzügige städtebauliche Konfiguration wird von der Dreifaltigkeitskirche von Fischer von Erlach bekrönt, eines der vier vom großen Barockarchitekten in Salzburg errichteten Gotteshäuser. An diesem Platz liegt auch Mozarts Wohnhaus. Spätere Generationen hatten wenig Sinn für barocke Stadtgestaltung und ließen auf der Platzfläche Grasflächen und Magnolienbäume gedeihen. Der Beschluss des Stadtsenats, von einem Privatunternehmer unter dem Platz eine Tiefgarage errichten zu lassen, forderte die Neugestaltung der Oberfläche. Dabei musste die Garagenzu- und Abfahrt integriert werden, aber auch Bushaltestellen, Fahrbahnen und natürlich ein verkehrsfrei gehaltener zentraler Bereich. Dessen Gliederung wird durch rhythmische Pflasterung in sanft abfallenden Treppenflächen sowie durch Kaskaden und grüne Paravents mit integrierter Beleuchtung gestaltet. Damit wird dem Platz und dem gesamten, verkehrsgeplagten Stadtteil in Anlehnung an den barocken Mirabellgarten jenes urbane Flair zurückgegeben, das ihm jahrzehntelang fehlte.

Makartplatz is the central square of the historical center of Salzburg beyond the Salzach River and across from the cathedral and festival quarter. The generous site of the square is crowned by the Dreifaltigkeitskirche (Trinity Church) by Fischer von Erlach, one of the four churches the great Baroque architect built in Salzburg. The building Mozart lived in was also located on this square. Later generations hade little interest in Baroque urban planning and let grass and magnolia trees grow on the square. The decision of the city senate to have a private entrepreneur build an underground garage under the square made it necessary to redesign the surface. The garage entrance and exit had to be integrated as well as bus stops, traffic lanes and a central zone free of traffic. This sequence is designed with rhythmic pavement on gently sloping stairs as well as cascades and green screens. This gives the square and this entire busy area the urban flair it has been missing for decades.

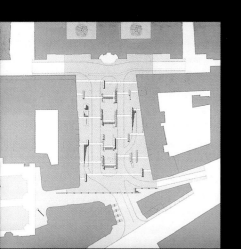

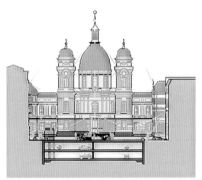

Strukturen und Rhythmen / *Structures and rhythms*

Studie zu Verkehrsströmen / *Study of traffic*

Studie Bodentextur / *Study for ground texture*

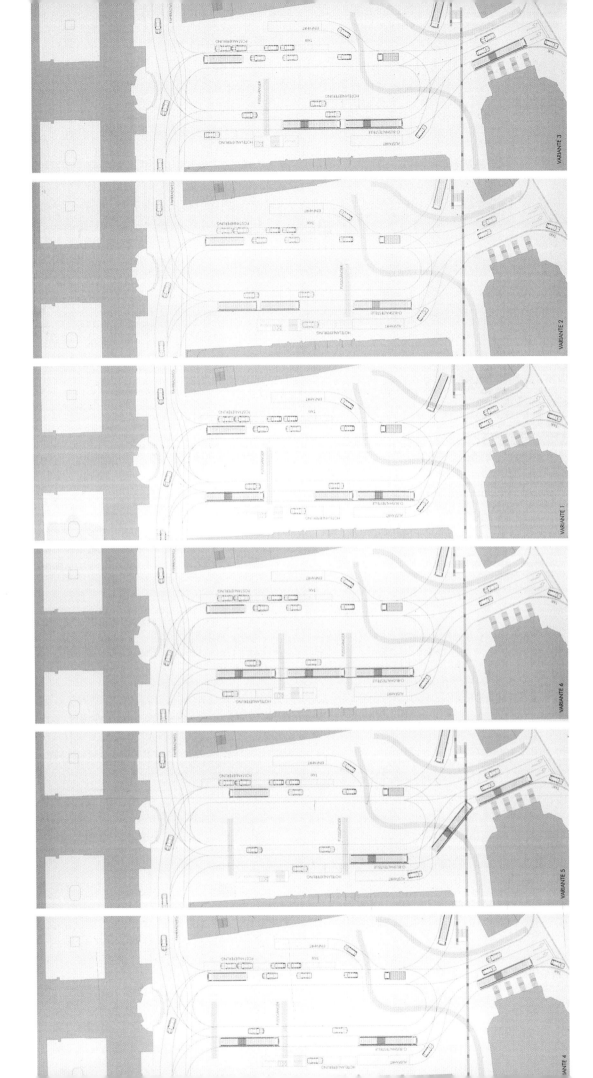

Zustand / *Situation 2002*

Grüne Paravents gliedern den Blick auf die Barockkirche

Green paravents shape the view to the baroque church

CA' PESARO

VENICE / VENICE
MIT / WITH M. ZORDAN
1992–2002

Venedigs öffentliche Plätze und Wege sind in zwei Sphären geteilt: Die eine Hälfte besteht aus Kanälen und Wasserwegen, die andere aus engen Freiräumen zwischen den dichtgedrängten Häusern, die wie Innenräume wirken. Dieser Eindruck stellt sich besonders dann ein, wenn eine enge Gasse jäh in eine kleine Brücke über einen schmalen Kanal übergeht, bevor sie wieder zwischen zwei Häuserfronten verschwindet. Der „öffentliche" Raum besteht so aus Gassen, Brücken und Innenhöfen, einer abwechslungsreichen Folge verschiedenster einzelner Raum-"Gefühle". Der Umbau des als Behausung einer städtischen Kunstsammlung dienenden Adelspalastes aus dem 17. Jahrhundert bot die Möglichkeit der Anbindung seiner Innenhöfe an das öffentliche Wegenetz Venedigs. Zusätzlich wurde die zentrale Eingangshalle des Museums in diese Raumfolge mit einbezogen – erst beim Betreten des Obergeschosses endet der öffentliche Bereich an der Ticketkontrolle. Über eine kleine Brücke kommend, betritt der Besucher zunächst einen Innenhof mit einem Spätrenaisssance-Brunnen. Von hier aus markieren „Teppiche" die Verbindung dreier Innen-/Außenräume durch eine Kette plastischer Interventionen – in der Eingangshalle des Museums ist das eine Kassentheke und im Hinterhof der Palastanlage ein weiterer Brunnen, den Podrecca aus schwarz gefärbtem Beton als Würfel formt und mit einem Wasserfilm sowie versetzt montierten Wasserspeiern versieht. Alle drei Plätze haben unterschiedlichen Charakter – der zentrale Innenhof erinnert an einen kleinen Stadtplatz, die Halle an einen Markt und der Hinterhof an dunkle Gassen durch alte Wohnquartiere. So bildet sich eine neue Enfillade von einem „profanen" Skulpturenplatz im „Venezia Minore" über den Spätrenaissancehof mit dem Sansovino-Brunnen bis zur Loggia am Canale Grande. Zusätzlich wurden im palast neue Implantate eingeführt, eine „Kunststadt in der Stadt" entstand.

The public squares and walkways are divided into two spheres in Venice: one half consists of canals and waterways, while the other consists of narrow open spaces that appear to be enclosed between the closely set houses. This impression is emphasized when a narrow alley abruptly ends in a small bridge over a narrow canal, before disappearing again between two houses. Hence the 'public' space consists of streets, bridges and interior courtyards, a richly varied sequence of different, individual spatial 'feelings.' The refurbishment of a palace from the 17th century for use as the site of a city art collection made it possible to link its interior courtyards with the public walkway system in Venice. The central entrance hall was integrated in this spatial sequence – the public area only ends at the ticket taker. The visitor initially enters an interior courtyard with a late Renaissance fountain. From here, 'carpets' show the way to three interior/exterior spaces linked by a chain of three-dimensional interventions – there is a cash desk in the entrance hall and another fountain in the back courtyard of the facility. Podrecca used black-dyed concrete to shape a cube with a film of water and water jets mounted on the side. The character of all three spaces is different – the central interior courtyard reminds the visitor of a small city square, the hall is reminiscent of a market and the back courtyard echoes small streets leading through old housing quarters. New staircases and the square matrix on ground floor form an artificial city in the city.

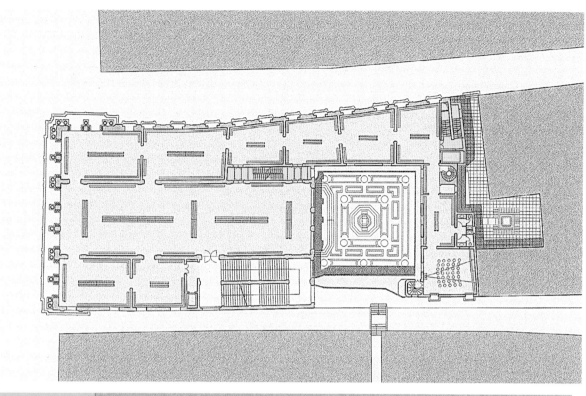

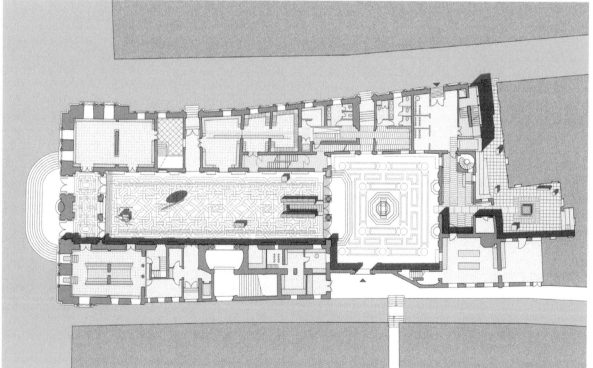

Grundriß Obergeschoß und Erdgeschoß / *Plans of upper and ground floors*

Schnitte / *Sections*

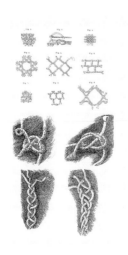

Knoten nach Gottfried Semper / *Gottfried Semper knots*

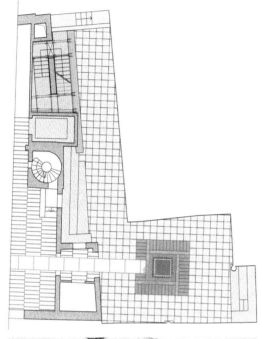

UFERBEBAUUNG

NEW WATERFRONT DESIGN
TRIEST / TRIESTE
GUTACHTERVERFAHREN /
INVITED COMPETION
MIT / WITH DRABENI,
CASTELLETTI, ROMEGIALLI,
BAZZARO
2002

Der ehemaligen Hafen von Triest und seine Piers haben seit dem Ende der Monarchie, als Triest Hauptseehafen für ein 60-Millionen-Einwohnerreich war, an Bedeutung verloren. In den vergangenen Jahrzehnten wurden nur wenige Gebäude der „Rive" genutzt, das Gebiet vor allem als bequemer Parkplatz direkt neben der Kernstadt verwendet. Die Stadt veranstaltete ein internationales Gutachterverfahren zur Neugestaltung ausgeschrieben, das vorliegende Projekt gewann. Es sieht Um- und Zubauten, aber auch Neubauten für mehrere Funktionen vor, die dem Gebiet neues Leben einhauchen sollen. Die alten „Magazzini del vino" werden zu einem nautischen Einkaufszentrum und im Obergeschoß zu ethnischen Restaurants umgebaut, die alte „Stazione marittima" wird als Kongreßzentrum erweitert und ragt weit über die Wasserfläche aus. Dieser Zug zum Horizont ist ein zentrales Motiv des Projekts und Kernelement der Interpretation seiner Heimatstadt Triest durch Podrecca. Neben dem Leuchtturm soll ein Hotel sowie ein Handels- und Einkaufszentrum entstehen, Lichtachsen nachts die Hauptstrukturlinien der Stadt betonen.

The former harbor and piers of Trieste have become unimportant since the end of the monarchy, when the city was the main maritime port of the empire and 60 million people lived in the area. Only a few of the buildings along the "Rive" have been used over the last centuries. The area is mainly considered a convenient parking lot close to the center of town. The city organized an international competition for the re-design of the square, which was won by the project described here. It includes re-modeling and new buildings for a number of functions that should bring new life to the area. The old "Magazzini del vino" will be remodeled as a nautical shopping mall and ethnic specialty restaurants will be incorporated on the uppermost level. The old "Stazione marittima" will be expanded to serve as a conference center, projecting out over the water. The project's relation to the horizon is a central element of the architect's interpretation of his hometown. A trade and shopping center is planned after the light tower with light axes accentuating the lines of the main structures of the city.

scala 1:2000

centro Tripcovich

piazza Libertà

stazione F.F.S.S.

autosilo interrato
800 posti auto

stazione autolinee
parcheggio multipiano

fermata metro-leggero

piazza S.Antonio

piazza Ponterosso

passerella pedonale mobile

canale Ponterosso

piazza Unità

stazione Marittima/Centro Congressi

piazza del Mare
autosilo interrato 720 posti auto

fermata metro-leggero
ingressi pedonali autosilo

centro espositivo
ex pescheria

piazza Venezia

ex magazzino vini
centro nautico
ristorazione
commercio

ponte pedonale mobile

autosilo interrato
320 posti auto

cassonamenti nautiche
aree attrezzate

stazione servizio

molo della Lanterna

piazzale stazione

area della vecchietta
residence
business center
commercio

autosilo interrato
1050 posti auto

parcheggio
aree di balneazione
240 posti auto

202   TRIEST RIVE

Erweiterung der Dogana zum Kongreßzentrum / *Addition to the old Dogana for a new convention hall*

Umbau und Aufstockung der „Area *Magazzini Vino"* / *Remodeling and addition to the "Area* Magazzini Vino"

Neugestaltung und Freilegung um den Leuchtturm / *New lighthouse quarter*

Gesamt-Nachtansicht / *Total view at night*

Neugestaltung Canale del Ponte Rosso / *New design of the Canale del Ponte Rosso*

PORTA SUSA

TURIN / TORINO
ITALIEN / ITALY
WETTBEWERB / COMPETITION
MIT / WITH TURNER &
TOWSEND, P. DEROSSI,
W. SOBEK, A. KIPAR, M. SALA,
W. BEYER
2002

Beim neuen Turiner Bahnhof Porta Susa entsteht ein multifunktionales Zentrum mit Hotel-, Büro- und Geschäftsnutzung. Auf einem Sockel aus schwarzem Granit werden ein horizontaler und ein vertikaler Bauteil positioniert. Die Entscheidung, in die sensible Skyline von Turin ein Hochhaus einzufügen, reagiert auf die Bewerbung von Turin für die Olympischen Spiele 2006 und das damit verbundene Streben, ein neues Tor in die Stadt zu schaffen. Der Turm wird als Hotel genutzt und zeichnet sich durch eine doppelte Haut aus. Die thermische Membran besteht aus einer transparenten oder transluziden Kunststoffschicht. Darüber wird ein Metallnetz gelegt, dessen Rhombenstruktur ausgefacht ist und Wind und Straßenlärm abschirmt. Im Dachgeschoss ist eine Sky-Bar untergebracht, die spektakuläre Stadtaussichten bietet.

A new multifunctional hotel, office and commercial building is being built at the Porta Susa Train Station in Turin. A horizontal and a vertical structure are located on a black granite base. The decision to integrate a high rise building in the sensitive skyline of Turin is the result of the city's candidacy for the 2006 Olympic Games and the desire to create a new gate to the city. The tower will be used as a hotel and features a double skin. The thermal membrane consists of a transparent or translucent synthetic layer. A rhombus-patterned metal net is spread over this layer to offer protection against the wind and the sounds of the city. A Sky Bar is located on the roof that offers spectacular views of the city.

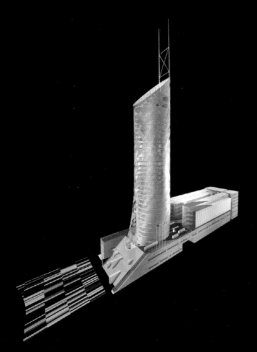

Vertikale Lichtstraße durch den Turm
Vertical light way through tower

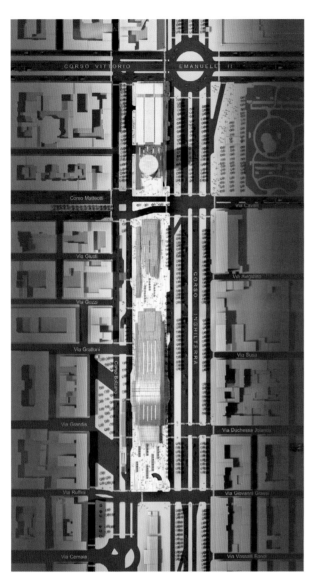

Platzgestaltung mit Hochhaus und Bahnhof
High-Rise building and station

Kongreß-, Büro- und Einkaufszentrum
Convention hall, offices and shopping arcade

DONAUPARK URFAHR

LINZ
2003 –

Von der zentralen Linzer Donaubrücke abwärts erstreckt sich auf der Urfahraner Seite gegenüber der Innenstadt entlang des Flussufers ein ausgedehntes, undefiniertes, aber in bester innerstädtischer Lage befindliches Roh-Gelände. Hier findet alljährliche der Urfahraner Markt statt und große Teile des nicht merkantilisierten Schwemmlandes werden auch sonst als Parkplatz genutzt. Die wiederkehrenden Nutzungen Parkplatz, Markt und Zirkus bilden den Anlaß der Gestaltungsmaßnahmen. Das Parkplatzgelände für ca. 1000 Autos wird mit einer unregelmäßigen Kleinvegetation überzogen, die sich in Entwässerungsrinnen nach und nach festsetzt. Sonst wird am Gelände ein Oberboden mit einem Kalk-Schotter-Gemisch aufgetragen, das von der Künstlerin Katryn Miller mit „seedbombs" (Samenbomben) gestaltet wird: Das Ausstreuen der Samen bewirkt eine regellose Hintergrundvegetation. An dem der Brücke und der Innenstadt nächst gelegenen Westende dieses „terrain vague" entsteht eine kleinteiligere Struktur: Holzpritschen, saisonal wechselnde Bepflanzungen und eine Wassersäule bilden hier die gestalterischen Akzente. Lichtstelen mit eingebauter Beschallung sorgen für Beleuchtung des Gesamtgeländes. Hölzerne Sitzstufen, zusätzlich am Flussufer anlegende schwimmende Hotels und andere Interventionen verleihen dem Gebiet neues Leben, das seinen hier traditionell regellosen Charakter beibehalten soll.

A raw, undeveloped site extends from the central Danube Bridge in Linz along the Urfahr side of the river across from the center of town. The site is undefined, but it is in the best urban location. The Urfahr market is organized here every year and large segments of the non-commercialized meadows are used as parking lots. The recurring uses such as parking lot, market and circus are the reason for the re-design. The 1000-car parking lot grounds are covered with irregular small vegetation that has gradually spread along the sewage canals. A limestone-gravel layer has been added to the surface of the site that features "seed bombs' designed by the artist Katryn Miller: the planting of the seeds causes unregulated background vegetation growth. Smaller scale structure is developing on the "terrain vague" at the western end of his site, close to the bridge heading to the center of town: wooden benches, seasonal vegetation and a water column are the main design features here. Lights with built-in speakers light the entire area. Timber stairs with seating, hotels along the shore and other interventions give the area new life, while it continues to be a traditionally unregulated part of town.

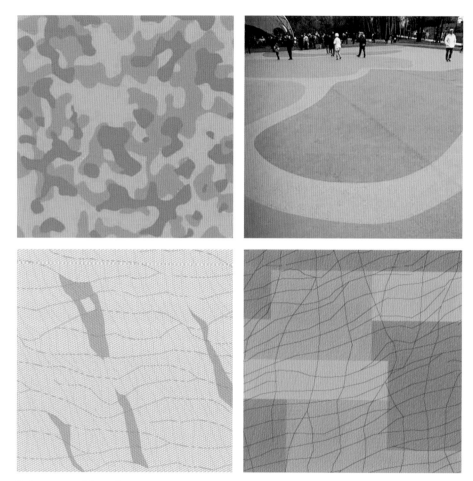

Bodentexturen / *Ground textures*

Regellose Hintergrundvegetation im „terrain vague" / *Random background vegetation in "terrain vague"*

MILLENIUM CITY

WIEN / VIENNA
MIT / WITH G. PEICHL UND /
AND R. F. WEBER
1995–1999

Neben den Büros in dem von Boris Podrecca gemeinsam mit Gustav Peichl und Rudolf Weber entworfenen Milleniumtower (mit 202 Meter der höchste Turm Wiens) und den Wohnungen gibt es im Gesamtkomplex auch große öffentliche Flächen. Dazu zählt ein Shopping Mall und das öffentliche Wegenetz, welches das Straßengeflecht des angrenzenden Stadtbezirks Brigittenau mit dem Donauufer über eine Fußgängerbrücke verbindet. Diese Brücke überwindet die seit mehr als hundert Jahren bestehende Abtrennung des Bezirks vom Hauptstrom der Donau durch den Damm, eine parallele Bahnlinie und eine vierspurige Bundesstraße hoher Frequenz. Der öffentliche Raum der Millenium City wird durch den Standort beim Übergang der U-Bahnlinie 6 über die Donau aufgewertet, die Verdichtung des Komplexes bringt dem Stadtbezirk an seinem Rand ein neues Zentrum. Eine glasbedeckte Plaza bildet den Mittelpunkt dieser Anlange, von dem aus alle Bereiche erschlossen sind und die Fußgängerbrücke ausgeht. Daran grenzt der zweigeschossige Shopping Mall, dessen Ebenen durch große Glasdecken mit Tageslicht versorgt werden. Das Projekt ist Teil einer übergeordneten städtebaulichen Idee der Verzahnung der Wiener Innenstadt mit dem Bereich des Hauptflusses der Donau.

There are large public spaces surrounding the Millennium Tower designed by Boris Podrecca in cooperation with Gustav Peichl and Rudolf Weber. It is the tallest building in Vienna (202 meters). Public spaces are spread around the apartments and the entire complex. The complex includes a shopping mall and a public walkway system that connects the facility to the roads of Brigittenau, the neighboring district, and the shore of the Danube via a pedestrian link. This bridge closes the gap to the main body of the Danube that existed for over a hundred years due to the dam, parallel railway tracks and a highly frequented, four-lane road. The quality of the public space surrounding Millennium City is enhanced by its location close to the U6, where the subway crosses the Danube. The complex's density gives the district a new center. A glass-roofed plaza lies at the center of the complex that offers access to all areas including the pedestrian bridge. The two-level shopping mall with large glass roof panels that provide sunlight begins at this point.

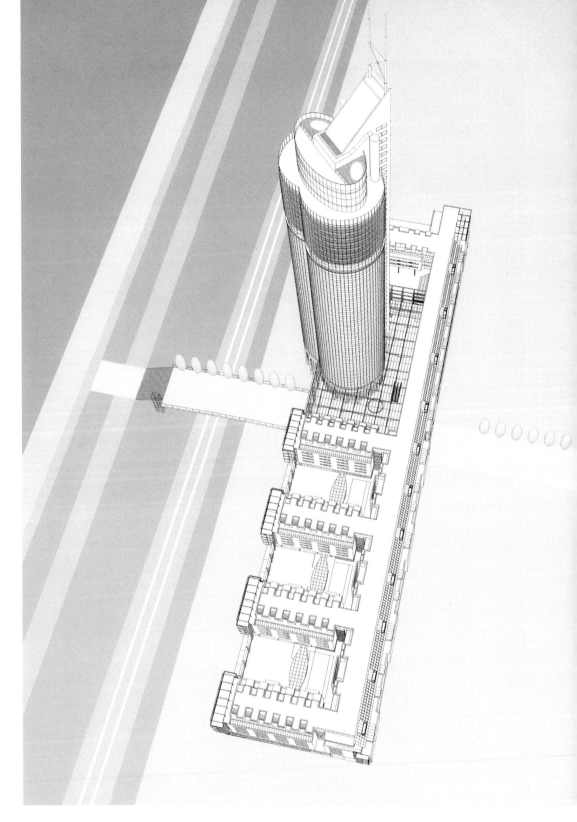

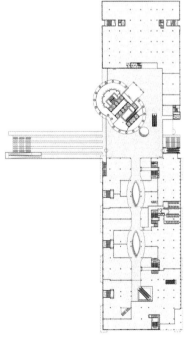

Verbindung Stadt-Donau durch Plaza und begrünte Höfe
Connection of the city with the Danube through the plaza and green courtyards

PRATERSTERN

WIEN / VIENNA
WETTBEWERB / COMPETITION
MIT / WITH B. EDELMÜLLER
UND / AND W. SOBEK
2002

Als einer der großen Verkehrsknotenpunkte Wiens (Bundesstraßen, Fernbahn, zwei U-Bahn-linien, S-Bahn) zeigt der Praterstern Sedimente von Jahrzehnten unkoordinierter und zufälliger Planungen. Die Lage neben dem Vergnügungs-park „Prater", am Rande von Wohnbezirken mit hohem Einwandereranteil sowie die in Hoch-lage quer über den Platz geführte Bahntrasse samt Bahnhof Wien-Nord im Zentrum des „Sterns" bestimmten den ambivalenten Charak-ter der ungeliebten Agglomeration. Städte-baulich bezeichnet der Praterstern jedoch eines der wichtigsten Gelenke der Stadttopographie im Sichtkreis des Stephansturms, auf den eine der drei großen, den Platz durchschneidenden Achsen zielt. Diese Sichtachse, einer der Magist-ralen Wiens, wird nach Norden hin über die Reichsbrücke bis zur Donau-City jenseits des Flusses und darüber hinaus fortgesetzt. An den Platz grenzen – nach endgültiger Bebauung des alten Nordbahnhofgeländes – vor allem Wohn-gebiete mit Büros und Läden an der Platzkante. Eines der sechs von den Magistralen ausge-schnittenen Kreissegmente um den Platz ist das größte innerstädtische Naherholungsgebiet Wiens, der ursprünglich als höfisches Jagdgebiet genutzte Prater.

Das Projekt schlägt vor, die gesamte innerhalb des Fahrbahnrings liegende Platzfläche samt Bahnhof und Bahntrasse in Hochlage mit einer Pneumo-Folien-Konstruktion zu überdachen. Damit soll die extreme Heterogenität des Platzes abgefangen werden. Der Komplex wird aufge-wertet durch einen Totalumbau des Bahnhofes sowie den Neubau eines Freizeit- und Business-zentrums. So wird auch eine Abfolge wetterge-schützter Außenräume unter dem Foliendach und Innenräume in den Passagen und Läden geschaffen. Eine ausgeklügelte Beleuchtung ver-schafft dem an den Vergnügungspark und das Naherholungsgebiet grenzenden Komplex auch nachts einen klaren, urbanen Charakter, der sich vom bisherigen chaotischen Image deutlich ab-heben soll.

As one of Vienna's most important traffic hubs (roads, trains abroad, two subways, commuter trains) Praterstern still shows the effects of decades of uncoordinated and haphazard plan-ning. The location next to the "Prater" entertain-ment park at the edge of districts with a great number of immigrants and the raised tracks of Wien Nord Train Station that cross the entire square have given this unloved agglomeration a rather ambivalent character. However, in terms of urban planning, the Praterstern is one of the most important segments of the city to-pography within sight of the Stephansdom, sin-ce it is one of the three axes that intersect the square. This view, one of the most magnificent in Vienna continues to the north over Reichs-brücke to Donau City across the Danube. Residential areas, with offices and stores will border the square – after the final completion of construction on the old North Train Station site. One of the six large circular segments sur-rounding the park is the largest inner city re-creational area in Vienna, which originally ser-ved as the imperial hunting grounds.

The project suggested that the entire square sur-face within the ring of lanes including the train station and the elevated train tracks be covered with a pneumo foil construction. This would have compensated for the square's extreme heterogeneity. The complex will be enhanced with a complete overhaul of the train station and the construction of a new recreational and business center. This will allow for a sequence of weather protected exterior spaces under the foil and create room inside between the walk-ways and stores. A sophisticated lighting system also gives the complex bordering the enter-tainment park and open recreational areas a clear, urban character at night that will be very different from the chaotic image the area has suffered from so far.

Ansicht von der Stadt – Ansicht vom Prater / *View from the city – view from the Prater*

Überdachungsvarianten / *Possible roof shapes*

 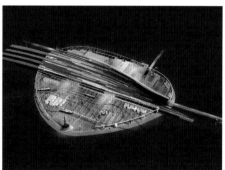 

Pneumo-Folien-Dach und Traggerüst / *Transparent roof with supporting structure*

Zustand / *Situation* 2003

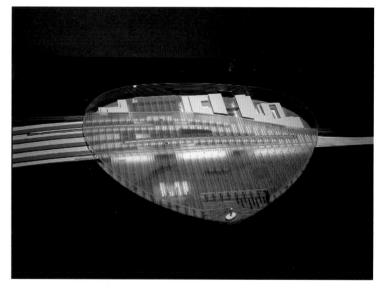

„Praterpassage" mit Zugang zu den Gleisen / *"Prater passsage" with access to the railway tracks*

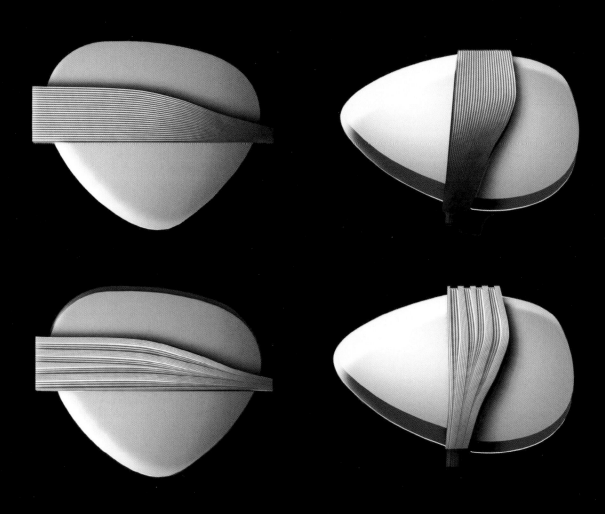

Emblematik des Baukörpers / *Emblems of the building's body*

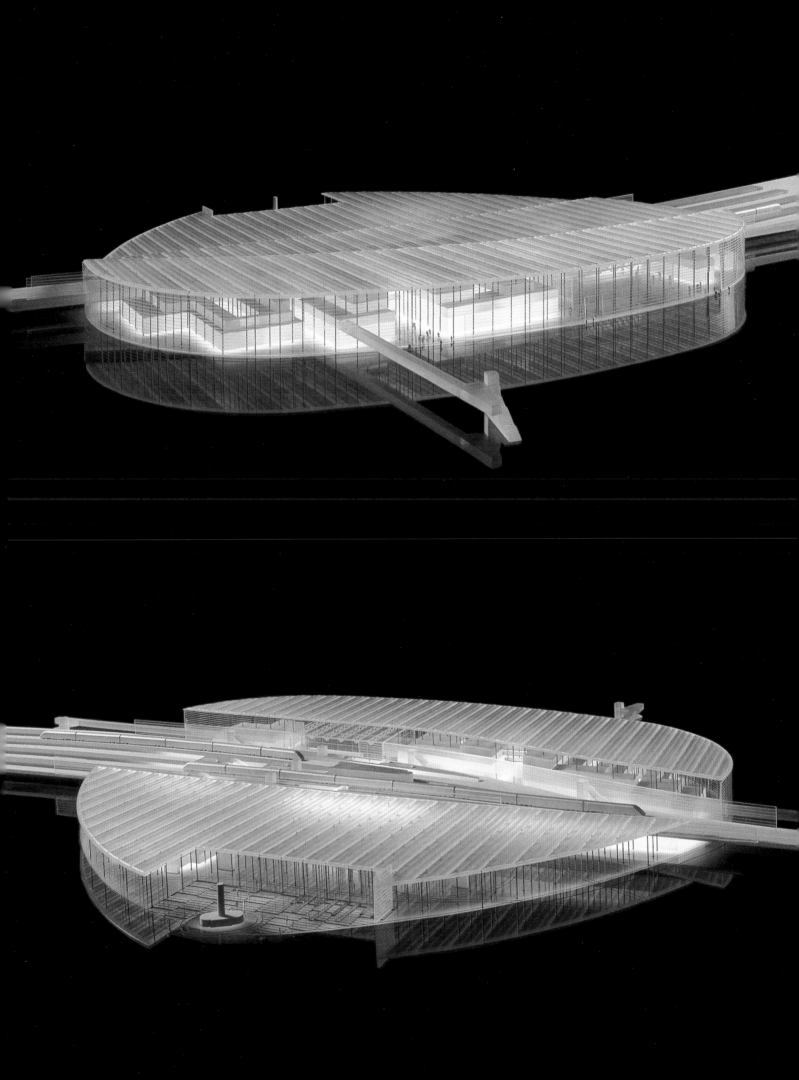

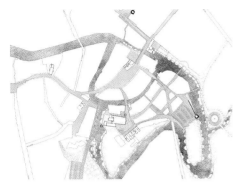

Stadtgestaltung Sacile/ *City design, Sacile*

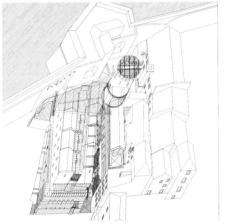

Platzgestaltung/ *Design of square* Pustijerna, Dubrovnik

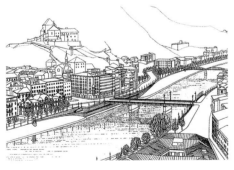

Staatsbrücke Radwegunterführung, Salzburg
Bicyle by-pass under the Staatsbrücke, Salzburg

Festwochenbühne am Rathausplatz, Wien
Stage for Vienna Festival on Rathausplatz
8 Pavillons/ *Pavilions*
Temporäre Intervention/ *TemporaryInstallation,*
1985
Auftraggeber/ *Client:* Stadt Wien/ *City of Vienna*

Stadtgestaltung Sacile, Italien
City design, Sacile, Italy
Projekt/ *Project,* 1984
Auftraggeber/ *Client:* Stadt Sacile/ *City of Sacile*

Staatsbrücke Radwegunterführung, Salzburg
Bicyle by-pass under the Staatsbrücke, Salzburg
Gutachterverfahren/ *Invited competition,* 1986
Auslober/ *Client:* Stadt/ *City of* Salzburg

Freiaufgang zur Landesausstellung „Wolf Dietrich von Raitenau", Residenzplatz, Salzburg
Entrance stairs to the Exhibition "Wolf Dietrich von Raitenau", Residenzplatz, Salzburg
Gutachterverfahren/ *Invited competition,* 1986
Auftraggeber/ *Client:* Stadt/ *City of* Salzburg

Universitätsplatz, Salzburg
Gutachterverfahren/ *Invited competition,* 1986
Baubeginn/ *Start of construction:* 1989
Fertigstellung/ *Completion:* 1992
Bauherr/ *Client:* Stadt/ *City of* Salzburg
Mit/ *With* G. Eiböck

Neugestaltung des Arsenale Komplexes, Mailand
Remodeling of the Arsenale Complex, Milan
Projekt/ *Project,* 1986
Auftraggeber/ *Client:* Stadt Venedig/ *City of Venice,* Triennale Mailand/ *Milan*

Tartini Trg Piran, Slowenien/*Slovenia*
Platzgestaltung im historischen Zentrum
Design of urban square in the historic city center
Planungsbeginn/ *Start of planning:* 1986
Baubeginn/ *Start of construction:* 1989
Fertigstellung/ *Completion:* 1989
Bauherr/ *Client:* Stadt/ *City of* Piran

Platzgestaltung/*Design of square* **Pustijerna, Dubrovnik, Kroatien/***Croatia*
Wettbewerb/ *Competition:* 1988
Auslober/ *Client:* Stadt/ *City of* Dubrovnik
Mit/ *With* T. Galijačevič und M. Jošič

Königsplatz Kassel, Deutschland/*Germany*
Wettbewerb/ *Competition,* 1989
Auslober/ *Client:* Stadt/ *City of* Kassel

Piazza XXIV Maggio, Cormons, Italien/*Italy*
Platzgestaltung im historischen Zentrum/
Design of urban square in the historic city center
Baubeginn/ *Start of construction:* 1989
Fertigstellung/ *Completion:* 1990
Bauherr/ *Client:* Stadt/ *City of* Cormons

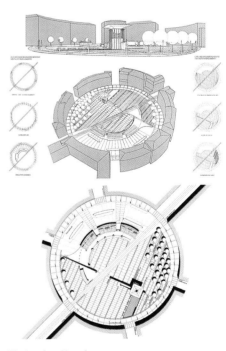

Königsplatz Kassel

Via dell' Indipendenza, Bologna

Via dell' Indipendenza, Bologna, Italien/*Italy***
Neugestaltung des öffentlichen Raumes/*New design of public space*
Projekt/*Project,* 1990
Auftraggeber/*Client:* Stadt/*City of* Bologna
Mit/*With* M. Drabeni

Fußgängerbereich /*Pedestrian areas*
Meidlinger Hauptstraße, Meidlinger Platzl, Wien/*Vienna*
Gutachterverfahren/*Invited competition,* 1989
Baubeginn/*Start of construction:* 1991
Fertigstellung/*Completion:* 1994
Bauherr/*Client:* Stadt Wien/*City of Vienna*

Graben-West, Wien, Österreich
Design of Graben square (west section), Vienna, Austria
Gutachterverfahren/*Invited competition,* 1990
Auftraggeber/*Client:* Stadt Wien/*City of* Vienna

Donaukanal – Innere Stadt, Wien/Vienna
Gutachterverfahren/*Invited competition,* 1990
Auftraggeber/*Client:* Stadt Wien/*City of Vienna*

Ideenfindung/*Competition of ideas*
Schönbrunn, Wien/Vienna
Gutachterverfahren/*Invited Competition,* 1991
Auftraggeber/*Client:* Stadt Wien/*City of Vienna*

Leipziger Platz, Wien/Vienna
Platzgestaltung/*Design of urban square*
Baubeginn/*Start of Construction:* 1991
Fertigstellung/*Completion:* 1994
Bauherr/*Client:* Stadt Wien/*City of Vienna*

Fußgängerbereich im historischen Zentrum, Fürstenfeld, Österreich/*Pedestrian area in the historic city center, Fürstenfeld, Austria*
Baubeginn/*Start of Construction:* 1993
Fertigstellung/*Completion:* 1996
Bauherr/*Client:* Stadt/*City of* Fürstenfeld

Masterplan Conegliano, Italien/*Italy*
Planungsbeginn/*Start of planning:* 1995
Baubeginn/*Start of construction:* 2000
Bauherr/*Client:* CII, Stadt/*City of* Conegliano

Rathausplatz St. Pölten, Österreich/*Austria*
Gutachterverfahren/*Invited Competition,* 1994
Baubeginn/*Start of construction:* 1994
Fertigstellung/*Completion:* 1996
Bauherr/*Client:* Stadt/*City of* St. Pölten
Mit/*With* G. Eiböck

Greif-Areal, Bozen, Italien
Greif Complex, Bolzano, Italy
Neubau, Umbau und Fußgängerbereiche
New buildings, remodelings and pedestrian area

Graben-West, Wien / *Design of Graben square (west section), Vienna*

Luisenplatz, Potsdam

Planungsbeginn/*Start of planning:* 1992
Baubeginn/*Start of construction:* 1997
Fertigstellung/*Completion:* 2000
Bauherr/*Client:* I.F.I. AG, Bozen/*Bolzano*
Mit/*With* Promatek

Hauptplatz und/*and* Kärntnerstraße, Leoben, Österreich/*Austria*
Gutachterverfahren/*Invited competition,* 1995
Baubeginn/*Start of construction:* 1995
Fertigstellung/*Completion:* 1997
Bauherr/*Client:* Stadt/*City of* Leoben
Mit/*With* G. Eiböck

Neugestaltung/*New design* Slomskov Trg, Maribor, Slowenien/*Slovenia*
Wettbewerb/*Competition* 1995, 1. Preis/*1st price*

Universität/*University of* Maribor, Slowenien/*Slovenia*
Umbau und Fußgängerbereiche/*Remodeling and pedestrian area*
Planungsbeginn/*Start of planning:* 1994
Baubeginn/*Start of construction:* 1996
Fertigstellung/*Completion:* 2000
Bauherr/*Client:* Universität und Stadt/*University and city of* Maribor

Via Mazzini, Verona, Italien/*Italy*
Neugestaltung der Hauptstraße Veronas mit vier Plätzen/*New design of main street with four adjacent squares*
Baubeginn/*Start of construction:* 1995
Fertigstellung/*Completion:* 1998
Bauherr/*Client:* Stadt/*City of* Verona
Mit/*With* D. La Marca

Archäologiepark/*Archaelogical park* „Parco di Teodorico", Ravenna, Italien/*Italy*
Wettbewerb, 1. Preis/*Competition 1st price,* 1997
Realisierung/*Built:* 2000
Bauherr/*Client:* Stadt/*City of* Ravenna
Mit/*With* Teprin Associati

Wiener Umweltmeile, Glashaus/*Glass house*
Donaukanal, Wien/*Vienna*

Planungsbeginn/*Start of planning:* 1998
Realisierung/*Built:* 1999
Bauherr/*Client:* Stadt Wien/*City of Vienna*

Griesplatz, Graz
Gutachterverfahren/*Invited competition,* 1998
Baubeginn/*Start of construction:* 2000
Fertigstellung/*Completion:* 2001
Bauherr/*Client:* Stadt/*City of* Graz
Mit/*With* G. Eiböck

Strossmayer Park, Split, Kroatien/*Croatia*
Baubeginn/*Start of construction:* 2000
Fertigstellung/*Completion:* 2002
Bauherr/*Client:* Stadt/*City of* Split
Mit/*With* A. Kuzmanič

Piazza Unità, Triest, Italien/*Trieste, Italy*
Gutachterverfahren/*Invited competition,* 1999
Auslober/*Client:* Stadt Triest/*City of* Trieste

Bahnhofsvorplatz Krems, Österreich/*Station square, Krems, Austria*
Planungsbeginn/*Start of planning:* 1995
Baubeginn/*Start of construction:* 2002
Fertigstellung/*Completion:* 2004
Bauherr/*Client:* ÖBB, Stadt Krems/*Austrian Railways, City of Krems*
Mit/*With* Michelangelo Pistoletto
(Skulptur/*Sculpture*)

Millennium- Tower, Zentrum Handelskai, Wien/*Vienna*
Neubau, Fußgängerbereiche und Stadtanbindung an die Donau/*New building, pedestrian areas and connection of the city with the Danube*
Planungsbeginn/*Start of planning:* 1995
Baubeginn/*Start of construction:* 1997
Fertigstellung/*Completion:* 1999
Bauherr/*Client:* Osmin Projekt AG, Wien/*Vienna*
Mit/*With* G. Peichl und R. F. Weber

Luisenplatz, Potsdam, Deutschland/*Germany*
Wettbewerb/*Competition,* 1997
Auslober/*Client:* Stadt/*City of* Potsdam

**Wassersäule/*Water column* Donau
Versicherung, Ringstraße, Wien/*Vienna***
Baubeginn/*Start of construction:* 1996
Fertigstellung/*Completion:* 1998

**Neugestaltung/*New design of* Schloßplatz,
Laxenburg, Österreich/*Austria***
Gutachterverfahren/*Invited competition,* 1998
Auslober/*Client:* Marktgemeinde/
Municipality of Laxenburg

Mestni Trg, Idrija, Slowenien/Slovenia
Projekt/*Project,* 1998
Baubeginn/*Start of construction:* 2004
Bauherr/*Client:* Stadt/*City of* Idrija
Mit/*With* M. Lavrenčič

Piazza Garibaldi, Treviglio, Italien/Italy
Ideenfindung/*Competition of ideas,* 1999
Auslober/*Client:* Stadt/*City of* Treviglio

Piazze Centrali Arzignano, Italien/Italy
Ideenfindung/*Competition of ideas,* 1999
Auftraggeber/*Client:* Stadt/*City of* Arzignano
Mit/*With* M. Zordan

Centro Congressi Bassano, Italien/Italy
Projekt/*Project,* 1999
Auftraggeber/*Client:* Stadt/*City of* Bassano
Mit/*With* Marco Zordan

**Centro Congressi, Albergo, Museo, Parco
sul Sile, Treviso, Italien/Italy**
Projekt/*Project,* 2000
Auftraggeber/*Client:* Fondazione Cassamarca

Museumsinsel, Berlin
Fußgängerbereiche der Museumsanlage
Pedestrian areas of the museum complex
Gutachterverfahren/*Invited Competition,* 2000
Auslober/*Client:* Stadt/*City of* Berlin

**Platzgestaltung/*Urban square* Skofja Loka,
Slowenien/*Slovenia***
Gutachterverfahren/*Invited competition,* 2000
Auslober/*Client:* Stadt/*City of* Skofja Loka
Mit/*With* M. Lavrenčič und/*and* S. Pirš

Place des Nations, Genf/*Geneva*
Wettbewerb/*Competition,* 2000
Auslober/*Client:* Stadt Genf/*City of Geneva*
Mit/*With* Ch. Schmidt-Ginzkey

Marktplatz Ottensheim, Österreich/*Austria*
Baubeginn/*Start of construction:* 2000
Fertigstellung/*Completion:* 2002
Bauherr/*Client:* Marktgemeinde/*Municipality
of* Ottensheim
Mit/*With* G. Eiböck und/*and* A. Böker

Altmarkt, Dresden
Wettbewerb Platzgestaltung/*Competition for
square design,* 2001
Auslober/*Client:* Stadt/*City of* Dresden

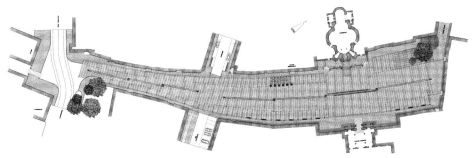

Neugestaltung/*New design of* Schloßplatz, Laxenburg

Mestni Trg, Idrija

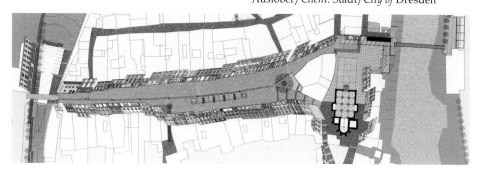

Platzgestaltung/*Urban square* Skofja Loka

Makartplatz Salzburg
Gutachterverfahren/*Invited competition*, 2001
Auslober/*Client:* Stadt/*City of* Salzburg

Stuttgart 21
Straßen und Plätze/*Streets and squares*
Projekt/*Project*, 2001
Baubeginn/*Start of construction:* 2004
Bauherr/*Client:* Stadt/*City of* Stuttgart
Mit/*With* G. Luckner

Plazza Vittorio Veneto, Triest, Italien/*Italy*
Gutachterverfahren/*Invited competition*, 2001
zur Realisierung empfohlen/*Recommended for
realization*
Baubeginn/*Start of construction:* 2003
Fertigstellung/*Completion:* 2004
Bauherr/*Client:* Carena, Genova
Mit/*With* M. Drabeni

**Praterstern, Bahnhof Wien Nord/*Wien Nord
station,* Wien/*Vienna***
Wettbewerb/*Competition*, 2002
Auslober/*Client:* Stadt Wien, ÖBB, Wiener
Linien/*City of Vienna, Austrian Railways,
Vienna Public Transport*
Mit/*With* B. Edelmüller und/*and* W. Sobek

Uferbebauung Triest, Italien
New waterfront design, Triest, Italy
Gutachterverfahren/*Invited competition*, 2002,
Area *Magazzino Vini* zur Realisierung
empfohlen/*Recommended for realization*
Mit/*With* Castelletti, Romagialli, Drabeni,
Bazzaro

**Platzgestaltung/*Design of urban squares,
Motta di Livenza, Italien/Italy***
Planungsbeginn/*Start of planning:* 2000
Baubeginn/*Start of construction:* 2001
Fertigstellung/*Completion:* 2002
Bauherr/*Client:* Stadt/*City of* Motta di Livenza
Mit/*With* M. Zordan und *and* A. Vesentini

Museum Moderner Kunst Ca' Pesaro, Venedig
Ca' Pesaro museum of modern art, Venice
Umbau und Fußgängerbereiche/*Remodeling
and pedestrian areas*
Planungsbeginn/*Start of planning:* 1992
Baubeginn/*Start of construction:* 1996
Fertigstellung/*Completion:* 2002
Bauherr/*Client:* Stadt Venedig/*City of Venice*
Mit/*With* M. Zordan

Stadtgestaltung/*City design,* Thiene, Italien/ *Italy*
Neubau, Umbau, Plätze und Grünbereiche im
historischen Zentrum/*New building, remodeling,
squares and green areas in the historic city center*
Projekt/*Project:* 2002
Auftraggeber/*Client:* Stadt/*City of* Thiene
Mit/*With* M. Zordan

**Stadtgestaltung, Meran, Italien/*City design,
Merano, Italy***
Straßen und Plätze/*Streets and squares*
Projekt/*Project*, 2002
Bauherr/*Client:* Stadt Meran/*City of* Merano

**Hochhaus, Hotel- und Bürozentrum, Porta
Susa, Turin, Italien/*Porta Susa high-rise
hotel and office center, Torino, Italy***
Neubau und Platzgestaltung/*New building
and square design*
Wettbewerb/*Competition*, 2002
Mit/*With* Turner & Towsend, P. Derossi,
W. Sobek, A. Kipar, M. Sala, W. Beyer
Auslober/*Client:* Stadt Turin und/*City of
Torino and* Ferrovie dello Stato

Neugestaltung Bahnhofvorplatz Giesing
New Giesing station square, München/*Munich*
Gutachterverfahren/*Invited competition*, 2003
Auslober/*Client:* Stadt München/*City of* Munich

Donaupark Urfahr, Linz, Österreich/*Austria*
Gutachterverfahren/*Invited competition*, 2003
Auslober/*Client:* Stadt Linz/*City of* Linz

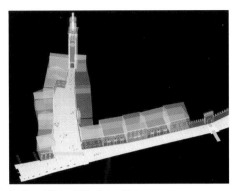

Stadtgestaltung/*City design,* Thiene

BIBLIOGRAPHIE / BIBLOGRAPHY

Favole, Paolo, Boris Podrecca-Drei städische Projekte, in: Plätze der Gegenwart. Frankfurt/New York 1995, S./*p*. 82, 86–91

Zschokke, Walter, Boris Podrecca. Arbeiten/Works 1980–1995. Monografie mit einem Essay von Friedrich Achleitner. Birkhäuser Verlag. Basel/Boston/Berlin 1996

Podrecca, Boris, Lichträume der Stadt/Light spaces in the city, in: Topos, No. 20. München 1997, S./*p*. 62–67

Zschokke, Walter, Boris Podrecca. Opere e progetti. Monografie. Electa, No. 112. Milano 1998

Kapfinger, Otto, Interview mit Boris Podrecca, Poetik der Unterschiede/Poezie kontrastu/Poetica delle diversitá. Katalog anlässlich der Ausstellung im Historischen Museum der Stadt Wien, auf der Prager Burg, in der Slovenská Národná Galéria, Bratislava und im Civico Museo Revoltella, Trieste. Wien 1998/1999

Hudson, Peter John, Via Mazzini. Storia, archeologia, progetti e realizzazioni, Ed. commune di Verona. Verona 1999

Gehl, Jan/**Gemzøe,** Lars, Rathausplatz St. Pölten, Piazza Tartini, in: new city spaces. Copenhagen 2000, S./*p*. 134–139, 216–219

Podrecca, Boris, Die Via Mazzini in Verona/ Via Mazzini in Verona, in: Topos, No. 35. München 2001, S./*p*. 87–93

Pogačnik, Marco, Una storia critica della città/A critical history of the city, in: domus. No. 844. Milano 2002, S./*p*. 48–61

Trenkler, Thomas, Interview mit Boris Podrecca, Man muß Plätze bauen die saftig sind/You need to build squares that are really tasty, in: Architektur in Leoben 1995–2002, Graz 2002, S./*p*. 47–73

Podrecca, Boris, Stein im offenen Raum/Stone in public space, in: Topos, No. 43. München 2003, S./*p*. 6–13

AUSWAHL REALISIERTER BAUTEN
SELECTION OF BUILT WORKS

1979–1982
Neurophysisches Institut, Palais Starhemberg, Wien/*Vienna*

1988–1989
Einrichtungshaus/*Furniture store* Kika, Klagenfurt, Österreich/*Austria*

1990–1992
Autohaus Mazda-Lietz, Waidhofen/Ybbs, Österreich/*Austria*

1990–1993
Bürozentrum/*Office building* Basler Versicherung, Wien/*Vienna*

1991–1994
Hotel und Studentenwohnheim/*Hotel and student dormitory* Korotan, Wien/*Vienna*

1991–1994
Ganztagshauptschule/*Secondary school* Dirmhirngasse, Wien/*Vienna*

1992–1995
Umbau Stadtbücherei/*Remodeling city library* Biberach, Deutschland/*Germany*

1993–1998
Büro- und Geschäftshaus/*Office building* Tor zum Landhaus, St. Pölten, Österreich/*Austria*

1994–2003
Keramikmuseum/*Museum of ceramics* Schloß Ludwigsburg, Deutschland/*Germany*

1995–1998
Um- und Zubau/*Remodeling and addition to* Schloß Čtakorovec, Kroatien/*Croatia*

1995-2003
Wohnhausanlage/*Housing complex* Area Ex Junghans-Giudecca, Venedig/*Venice*

1997–2000
Wohnhausanlage/*Housing complex* In der Wiesen Nord, Wien/*Vienna*

1998–2002
Weingut/*Winery* Novi Brič, Slowenien/*Slovenia*

2000–2005
Vienna Bio-Center, Institutsgebäude/*Office building of* Österreichische Akademie der Wissenschaften, Wien/*Vienna*

2000–2004
Hotel Brdo, Ljubljana

2001–2004
Ville Urbane, Ljubljana

2001–2005
Kirche und Pfarrzentrum/*Church and community center*, Mailand/*Milan*

BIOGRAFIE / BIOGRAPHY
BORIS PODRECCA

1940
geboren in Belgrad/ *Born in Belgrade*

1946–58
Volksschule und Gymnasium in Triest/ *Schools in Trieste*

1958–68
Studium der Bildhauerei an der Akademie der bildenden Künste in Wien, Studium der Architektur an der TU Wien und an der Akademie der bildenden Künste in Wien, Diplom Meisterklasse Prof. Roland Rainer/ *Studies in sculpture at Vienna Academy of Fine Arts, studies in architecture at Vienna University of Technology, diploma in Roland Rainer's master class at the Academy of Fine Arts*

1976–82
Freischaffender Architekt, Lehrtätigkeit in München und Wien/ *Architect in Vienna, teaching assignments in Munich and Vienna*

Seit 1982
Gastprofessuren/ *Visiting professor* in Lausanne, Paris, Venedig/ *Venice,* Philadelphia, London, Wien/ *Vienna,* Harvard-Cambridge, Ljubljana, Zagreb, Triest/ *Trieste*

1982, 1992
Plečnik–Preis/ *Award,* Ljubljana

1986
Preis des 12. Architektursalons, Belgrad/ *Award,* of the 12th Architecture Exhibition, Belgrade

1986
Chevalier des Arts et des Lettres, Paris

Seit 1988
ordentlicher Professor an der Universität Stuttgart, Direktor des Institutes für Innenraumgestaltung und Entwerfen/ *Full professor at Stuttgart University, director of the Department for Interior and Architecture Design*

1990
Preis der Stadt Wien für Architektur/ *Award of the City of Vienna for Architecture*

1990–95
Leiter des internationalen Wiener Architekturseminars/ *Director of Vienna Architecture Congress*

1996
Ernennung zum Ehrenmitglied des Bundes Deutscher Architekten/ *Honorary member of the Bund Deutscher Architekten*

1997
Silbernes Ehrenzeichen für die Verdienste um das Land Wien/ *Silver Medal of Merits, Vienna*

1997
Preis/ *Award* San Giusto d'Oro, Triest/ *Trieste*

2000
Ehrendoktor der Universität Maribor/ *Honorary doctor, Maribor University*

2003
Preis/ *Award* Il Principe e l'Architetto, Milano

Werner Oechslin, 1944 in Einsiedeln geboren, studierte Kunstgeschichte, Archäologie, Philosophie und Mathematik in Zürich und Rom, promovierte 1970 in Zürich, lehrte 1975 und 1978 am MIT in Cambridge, Habilitation 1980 in Berlin. Seit 1985 ordentlicher Professor für Kunst- und Architekturgeschichte an der ETH Zürich, 1987 war er Gastprofessor an der Harvard University. Zahlreiche Beiträge zur Architektur- und Kunstgeschichte des 15. bis 20. Jahrhunderts, den Schwerpunkt bilden Studien zur Architekturtheorie, zur Architektur der Moderne, zum 18. Jahrhundert sowie Untersuchungen zu speziellen Problemen der Architekturzeichnung, Architekturtypologie und der ephemeren Architektur. Daneben wirkte Werner Oechslin an zahlreichen Ausstellungen mit, zuletzt über Gottfried Semper in München und Zürich. Von 1977 bis 1993 arbeitete er bei der Zeitschrift „Lotus International" mit und war von 1992 bis 1997 Redaktor der Zeitschrift «archithese».

Matthias Boeckl, geboren 1962 in Wien, Studium der Kunstgeschichte, Promotion 1988 an der Universität Wien, Habilitation 1999 an der Universität Innsbruck. Professor für Geschichte und Theorie der Architektur an der Universität für angewandte Kunst Wien. Seit 1999 Chefredakteur von „architektur.aktuell" (SpringerWienNewYork). Autor zahlreicher Aufsätze und Bücher über Themen der modernen und zeitgenössischen Kunst und Architektur.

Werner Oechslin was born in 1944 in Einsiedeln. Studies of art history, archaeology, philosophy and mathemathics in Zurich and Rome, ph.D. 1970 in Zurich, teaching assignments 1975 and 1978 at MIT in Cambridge. From 1985 full professor of art and architectural history at the Zurich ETH, 1987 visiting professor at Harvard University. Numerous contributions to the art and architectural history of the 15th to the 20th century. Main focus on architectural theory, modern architecture, 18th century and studies in special problems of architectural drawing, architectural typology and ephemeral architecture. Curator of many exhibitions, most recently on Gottfried Semper in Munich and Zurich. 1977 to 1993 contributor to "Lotus International" magazine, 1992 to 1997 editor of "archithese" magazine.

Matthias Boeckl was born in 1962 in Vienna; studied art history, Ph.D. from Vienna University in 1988, Architecture history and theory professor at Vienna University of Applied Arts. Editor in chief of "architektur.aktuell" magazine since 1999. Author of numerous texts and books on modern and contemporary art and architecture.